CHONGQINGSHI XIANGCUN JIAOSHI ZHUANYE
FAZHAN ZHICHI FUWU DIAOCHA YANJIU

重庆市 乡村教师专业发展 支持服务调查研究

李志辉　王　吉　著

重庆大学出版社

内容提要

本书系统反映了重庆市近年来乡村教师专业发展社会支持服务成果,主要内容包括研究概述、重庆市乡村教师结构分析、重庆市乡村教师专业发展现状研究、乡村教师专业发展支持服务需求分析、重庆市乡村教师专业发展支持服务模式、乡村教师专业发展支持服务实效分析、乡村教师专业发展影响因素分析和重庆市乡村教师专业发展支持服务完善策略。本书以重庆市乡村教师专业发展支持服务的专业条件保障、专业发展机会、专业水平认可、专业情感归属为维度,对重庆市乡村教师专业发展支持服务进行全景式的梳理、分析、研究,形成内容完整、逻辑层层推进的重庆市乡村教师专业发展支持服务体系。

本书适合中小学教师和相关研究者阅读。

图书在版编目(CIP)数据

重庆市乡村教师专业发展支持服务调查研究／李志辉,王吉著. -- 重庆:重庆大学出版社,2021.6
ISBN 978-7-5689-2680-5

Ⅰ.①重… Ⅱ.①李… ②王… Ⅲ.①农村学校—师资培养—调查研究—重庆 Ⅳ.①G451.2

中国版本图书馆 CIP 数据核字(2021)第 087725 号

重庆市乡村教师专业发展支持服务调查研究
李志辉 王 吉 著
策划编辑:苟荟羽

责任编辑:范 琪 何雅棋 版式设计:苟荟羽
责任校对:谢 芳 责任印制:张 策

*

重庆大学出版社出版发行
出版人:饶帮华
社址:重庆市沙坪坝区大学城西路 21 号
邮编:401331
电话:(023)88617190 88617185(中小学)
传真:(023)88617186 88617166
网址:http://www.cqup.com.cn
邮箱:fxk@cqup.com.cn(营销中心)
全国新华书店经销
重庆市国丰印务有限责任公司印刷

*

开本:720mm×1020mm 1/16 印张:10.75 字数:201 千
2021 年 6 月第 1 版 2021 年 6 月第 1 次印刷
ISBN 978-7-5689-2680-5 定价:68.00 元

前　言

　　发展乡村教育是全面推进乡村振兴、加快教育现代化的基础,是功在当代、利在千秋的大事。发展乡村教育,乡村教师是关键,乡村教师专业素养是根本。乡村教师专业发展是乡村教育发展的核心保障,是提高乡村教育质量的根本支撑。

　　乡村教师专业发展,既需要乡村教师自身努力,更需要全社会的大力支持。2015 年,国务院办公厅印发的《乡村教师支持计划(2015—2020 年)》首次明确提出"建立乡村教师校长专业发展支持服务体系";2018 年,教育部等五部门联合发布的《教师教育振兴行动计划(2018—2022 年)》明确要求"加强县区乡村教师专业发展支持服务体系建设"。这为乡村教师专业发展支持服务指明了方向。乡村教师专业发展支持服务问题是乡村教育研究的热点,颇受学界青睐。

　　重庆集大城市、大农村、大库区、大山区于一体,是全国统筹城乡综合配套改革试验区。重庆市乡村教育和乡村教师专业发展在西部地区有较强的代表性。为此,我们申报了重庆市社会科学规划项目"教育精准扶贫视域下重庆市乡村教师专业发展社会支持服务体系研究(项目批准号为 2018YBJY112)"。按照项目研究方案,我们在梳理分析相关文献资料的基础上,设计了调查问卷和访谈提纲,在重庆市乡村教师较多的 15 个区县,随机抽取 6 218 名乡村教师进行了问卷调研;深入到典型区县和乡村学校,深度访谈部分区县教育行政部门人事科工作人员、教研室(教科所、进修院校、教师发展中心)负责人和学科教研员、责任督学及乡村学校校长和教师,获得较丰富的第一手资料。在此基础上,我们对调查数据和访谈材料进行了认真细致的梳理分析,掌握了重庆市乡村教师队伍、专业发展及其支持服务的现状,厘清了重庆市乡村教师专业发展支持服务的主要问题及其影响因素,提出了具有操作性的对策建议。

　　本书共 8 章。第 1 章主要介绍研究背景、研究现状及评述、理论基础、研究内容、研究方法、研究意义,由李志辉撰写。第2章通过2015年和2019年的调查数据对比,探讨重庆市乡村教师性别结构、专业结构、年龄结构、职称结构、学历结构的变化,由王吉撰写。第3章主要分析重庆市乡村教师的专业精神、专业信念、专业知识、专业能力等专业发展现状及其各类乡村教师专业发展的个性特征,由李志辉撰写。第4章主要分析乡村教师为提高自身专业素质对区县教育行政部门、教师培训机构、乡村学校、高校等研究机构、社会各界等主要支持服务主体在专业条件保障、专业水平认同、专业发展机会、专业情感归属等方面提出的支持服务需求,由李志辉撰写。第5章主要总结了近年来教育行政部门、业务部门、乡村学校、社会各界支持乡村教师专业发展的主要工作模式及工作实效,由王吉撰写。第6章主要分析区县教育行政部门和业务部门、乡村学校、家庭对专业条件保障、专业水平认可、专业发展机会、专业情感归属等方面的支持的成效,由李志辉撰写。第7章主要分析乡村教师离职意向影响因素及从专业发展目标、专业发展主动性的调动因素、自身专业发展的障碍三个方面分析乡村教师专业发展动力影响因素,由李志辉撰写。第8章主要基于前述分析,并根据教育行政部门、业务部门、乡村学校、教育科研机构、社会各界、乡村教师自身的职责,分别提出支持服务乡村教师专业发展的对策建议,由王吉撰写。附录1、附录2、附录6由李志辉整理和撰写,附录3、附录4和附录5由王吉整理。全书由李志辉统稿。

本课题在研究过程中得到不少教育界同仁的帮助和支持,本书的写作、出版得到了重庆市教育科学研究院领导、同事,以及重庆大学出版社领导、编辑们的大力支持,在此谨表示衷心感谢。

编写出版一本系统反映重庆市近年来乡村教师专业发展社会支持服务成果的专著,对我们来说是一大挑战。我们虽然尽了最大努力,但要全面、客观地分析重庆市乡村教师专业发展社会支持服务现状及对策,仍有很多工作要做。我们深知本书仍存在一些不足,竭诚欢迎各位专家、学者和广大教师不吝指导!

著　者

2021 年 4 月

目　录

第1章 研究概述

本章简要介绍了研究背景、研究现状、理论基础、核心概念、研究内容、研究方法和研究意义,以加深对本书的理解。

1.1 研究背景

随着世界教育改革的不断深入,各国都认识到教师在教育改革中的重要作用。1966 年国际劳工组织和联合国教科文组织提出《关于教师地位的建议》,首次以官方文件的形式对教师专业化做出明确说明。自此,提高教师的专业化水平成为世界各国教师教育改革的内在追求。

高素质的教师队伍是保证学生接受有质量教育的关键。党中央、国务院一直高度重视国家中小学教师队伍建设和专业发展水平提升,近年先后出台了《国家中长期教育改革和发展规划纲要(2010—2020 年)》《国务院关于加强教师队伍建设的意见》《国家教育事业发展"十三五"规划》《关于全面深化新时代教师队伍建设改革的意见》《关于加强新时代中小学思想政治理论课教师队伍建设的意见》《中国教育现代化 2035》等系列政策文件,2018 年 9 月召开的全国教育大会对建设高素质专业化中小学教师队伍提出明确要求。受自然、历史、社会等多方面因素制约,农村教育基础差,保障能力弱,边远、贫困、民族地区优秀教师少、优质资源少,教育质量总体不高,难以满足农村群众接受良好教育的需求。这导致大量农村中小学生涌向城市学校。为推进教育公平和教育均衡发展,党中央、国务院加大对乡村教师队伍建设和乡村学校建设的支持保障力度。

2015 年 4 月 1 日,中共中央总书记、国家主席、中央军委主席、中央全面深化改革领导小组组长习近平主持召开中央全面深化改革领导小组第十一次会议,审议通过了《乡村教师支持计划(2015—2020 年)》;2015 年 6 月 1 日,国务院办公厅印

发了《乡村教师支持计划(2015—2020年)》;2018年5月2日,国务院办公厅发布了《关于全面加强乡村小规模学校和乡镇寄宿制学校建设的指导意见》。这一系列文件加强了对乡村教师队伍建设的政策支持。教育部和地方各级党委政府积极贯彻落实党中央、国务院加强中小学教师队伍建设和乡村教师队伍建设的系列文件精神,认真落实"双特"计划、"三区支教"计划、"全科教师"培养计划、农村教师全员培训计划、农村薄弱学科教师轮训计划,加强特岗教师、全科教师、免费师范生培养力度并鼓励他们到乡村学校工作,加大国培、省(市)培、县培对乡村教师的支持力度,认真执行《乡村教师支持计划》以改善乡村教师的工作条件和专业发展条件;同时,还积极实施"全面改薄"工程,有序开展义务教育均衡发展督导检查,推进义务教育均衡发展并取得良好成效。2019年,全国累计2 767个县(含县级市、区及实施义务教育的其他县级行政区划单位,统称县)通过义务教育基本均衡发展国家督导评估认定,占全国总数的95.3%;全国累计23个省份整体通过县域义务教育基本均衡发展国家督导评估认定,占全国总数的71.9%。这表明全国城乡义务教育学校的办学条件差距明显缩小,这也对乡村教师专业素质提出了更高要求。教育发展的关键在于教师的专业素质,教师的专业素质的提升既需要自身努力,也需要社会的支持服务。在当前乡村教师队伍仍面临优质资源配置不足、结构不尽合理、整体素质不高等突出问题的背景下,乡村教师的专业发展更需要系统、全方位的支持服务。如何构建精准有效的乡村教师专业发展社会支持服务体系是当前我国基础教育亟待解决的现实难题。

重庆作为我国中西部地区唯一的直辖市,集大城市、大农村、大库区、大山区和民族地区于一体,是全国统筹城乡综合配套改革试验区。重庆市乡村教师数量庞大,《2015年重庆市乡村教师队伍基本情况调查报告》显示:重庆市中小学教师总计26万余人,其中乡村教师14.6万人,占全市中小学教师的56.15%。多数乡村学校受位置偏远、交通不便等因素影响,乡村教育呈现"凋敝"状态,乡村教师专业素质与城市教师仍有一定差距,重庆市乡村教育和乡村教师仍需要全社会的大力支持。重庆市乡村教育发展和乡村教师队伍建设在中国西部地区乃至全国都有相当的代表性。经过多年努力,全市40个区县已于2019年底整体通过国家义务教育均衡发展督导评估认定,城乡义务教育均衡发展取得突破性成绩,教育公平迈上新台阶。2019年重庆市产业结构持续优化,传统产业转型升级步伐加快,高技术制造业和战略性新兴产业增加值分别增长12.6%、11.6%;人均GDP达75 828元,已经跨过10 000美元门槛。产业转型和经济发展的新阶段对重庆市城乡基础教育发展提出了新要求。国家实施"一带一路"倡议、长江经济带发展、新一轮西部大开发等政策交汇叠加,推动了成渝地区双城经济圈建设。习近平总书记对重庆提出的"两点"定位、"两地""两高"目标,发挥"三个作用"及营造良好政治生态的重要指示要求,为重庆市城乡基础教育提供了新动力和新机遇。在重庆市教育事业发展"十三五"规划和重庆市乡村教师支持计划(2015—2020年)已经收官,重庆市教育事业发展"十四五"规划正在谋划和深入贯彻落实《关于全面深化新时代教师队伍建设改革的意见》及全国教育大会精神之际,迫切需要分析重庆市乡村教师队伍建设和专业发展现状,厘清重庆市乡村教师专业发展支持服务需求,总结重庆市乡村教师专业发展支持服务的成绩和不足,提出构建重庆市乡村教师专业发展支持服务需求体系的对策建议,为制定重庆市乡村教师队伍建设、重庆市乡村教育发展和城乡义务教育均衡发展、重庆市教育服务经济社会发展能力提升等方面的政策提供实证数据和决策参考,为全国教师队伍建设、城乡教育均衡发展提供鲜活的案例和有益借鉴。

1.2　研究现状综述

国内乡村教师专业发展支持服务研究始于2015年,包含主要内容、关注的重点人群、国际经验借鉴、研究视角。

(1)主要内容

乡村教师专业发展支持服务研究的主要内容集中在乡村教师培训、制度保障、教育信息化保障等方面。

在乡村教师培训方面,孙颖认为,乡村教师的本土知识认可能够明晰发展方向和发展动力,乡村教师培训内容应增加乡村教师的本土知识。张文超认为,乡村教师培训的思路要进行转型,在"谁来培"上由知识导向的学术专家向实践导向的本土教师转变,在"如何培"上由自上而下的顶层设计向自下而上的问题解决转向,在"怎样评"上由结果性恒定评价向过程性倒逼评价转型,乡村教师培训在培训主体、培训方式、培训评价方面应转型。肖凯认为,教师培训项目应融合转向建设乡村教师专业发展支持服务体系,"国培计划"推动的乡村教师专业发展支持服务体系强调区县教育行政部门的主体责任,通过县域教师培训的系统规划、培训制度建设、本土培训团队培育以及全员网络研修、送教下乡等培训活动的开展,充分聚集县域内外高等学校、教师发展中心、中小学的教师培训资源,为乡村中小学教师自主选学提供服务。刘文等在调查的基础上,提出了建构多维度、多层次的培训系统;加强制度建设,激发教师参加培训的动机;强化培训研究和管理,提升教师培训的质量等对策。

在制度保障方面,邬志辉认为,应全方位支持乡村教师发展,大力支持乡村教师发展,积极加强乡村教师队伍建设。桂勇等提出了完善政策文本,规范文本表述;统筹教师分配,优化性别结构;加强政策公示,保证公众参与,以增强政策的科学性等建议。彭冬萍等认为,当前的乡村教师评价制度需要从适应乡村教育特点、多元评价主体参与、促进教师专业发展、加强过程性评价以及重视"软指标"等方面改进。檀慧玲等提出,要加大乡村教师政策倾斜力度,确保实施操作更为精准;保证乡村教师政策延续性,协同各项政策整体推进;完善政策追踪评估机制,促进政策适时改进;探索基于大数据的乡村教师政策决策支持等,引导和促进乡村教师队伍建设等建议。

在乡村教师教育信息化保障方面,刘延哲等勾勒出了加强乡村教师教育信息化建设,制订了整体中长期发展战略;开放市场与改变过度依赖政府的发展模式;能力建设与上下结合;最大化移动以实现普遍服务,实现乡村教师教育信息化目标及从普遍接入到普遍服务的发展路径。

(2)关注的重点人群

乡村教师专业发展支持服务研究关注的重点人群是乡村新手教师、年轻教师、幼儿教师。

在乡村新手教师、年轻教师方面,段润涵认为,乡村新手教师的认识问题、乡村教育与乡村学校的远离、文化进化论和城乡发展的巨大不平衡等因素是造成逆向文化冲击的主要原因,乡村新手教师要同学校、国家齐心合力,才能适应"逆向文化冲击"。贺晓敏认为,初任乡村教师流失的主要原因是自身职业适应能力差、难以融入乡村学校文化,以及校方对初任教师缺乏支持与帮助、在管理方面欠民主等。王成龙认为,新生代乡村教师面临着"物质环境的不适应、婚恋难、与亲子分离"等困境,提出建立多种类型的津贴补贴制度,试点建立全省统筹的教师调动机制等对策。

在幼儿教师方面,张琴秀等认为,应从政府职能的角度出发来探讨地方政府促进农村幼儿教师专业发展的有效策略,具体措施有:确立农村幼儿教育优先发展的战略地位,加大资金投入以保障教师工资待遇,加大宣传力度营造良好社会舆论氛围,规范培训管理建立培训共同体,组建"农村幼儿教育研究中心",充分发挥乡镇中心幼儿园的引领示范作用。杨红卫客观分析了当前西藏幼儿教师培训需求中存在的主要问题及成因,并提出了以构建"乡村教师专业发展支持服务体系"为导向的培训策略:建立集中培训、跟岗实践和网络研修相融合的混合式培训模式,建设优质高效的"两级"教师培训团队,精心设计教研类与培训类并重的常态化课程体系,科学制定"过程监管"与"绩效评估"培训质量标准和实施路径、深入开展专项调研。

（3）国际经验借鉴

乡村教师专业发展支持服务研究主要借鉴发达国家的经验。韩烨分析了日本乡村教师队伍建设的特色举措,提出了完善协调统筹机制、将各项政策落到实处、创新教师教学方式,探索适合我国乡村教育实际的办学模式,加强对本土化乡村教师的培养,构建不落后于城市学校的师资保障机制等建议。张彩云等梳理了发达国家贫困地区在经费投入等方面的主要措施:提出应加强立法,为贫困地区教育发展提供强有力的法律保障;实施差异性的经费分配制度,建立贫困学校进入和退出机制,确保扶贫资金使用和扶贫对象精准;加强对教师的人文关怀,确保师资保障精准;完善教育扶贫项目的监管制度,实行分层评估,确保扶贫成效精准等对策。

（4）研究视角

不同的研究者从各自的视角,多角度、多侧面研究乡村教师专业发展支持服务。范玥基于"国培计划"出台背景,立足当前教师专业发展实践,通过分析乡村教师发展支持服务体系建设的背景以及乡村教师发展的四大矛盾,着重阐述了支持服务体系中应包含的四大关键要素,并以此为基础概述了乡村教师专业发展支持服务体系构建主体以及过程应包含专业制度、专业价值、专业信念、专业文化四方面的支持内容。向静从职业支持角度,在对四川、湖南、贵州、重庆等省市500多名乡村教师问卷调查的基础上,分析了不同性别、民族、学历、省份、执教年级、所属学校类型的乡村教师在同事支持、朋友支持、家长支持、社区民众支持、社区机关支持和学生支持上的特点和差异,提出了松绑乡村学校可支配资源、赋权增能、改善乡村教师与乡村环境的关系、乡村教师全面自我反思以破解乡村教师职业支持的障碍和强化乡村教师职业支持主体,各支持主体各尽其能以增强对乡村教师职业的支持力度等对策。龚金喜等基于互联网时代乡村教师专业发展的建构要素和主要问题,提出了构建高等学校、县级教师发展中心、乡镇片区研修中心、校本研修中心"四位一体"的教师专业发展支持服务体系的对策。桑国元等从社会支持视角,探讨云南省H中学乡村教师在专业自主发展过程中的表现与困境,主张探索提高乡村教师能动性的内生型专业发展路径,完善利于乡村教师专业自主发展的社会支持体系。王光雄从乡村教师专业发展支持路径的角度,以优化乡村教师专业发展支持、提升乡村教师专业发展能力为目标,通过运用问卷调查法分析云南省乡村教师专业发展支持的现状基础,提出解构乡村教师专业发展支持服务体系的构成要素,从战略高度努力加大国家和云南省文件政策理解执行力度,进一步细化和落

地激励乡村教师专业发展的相关政策,健全制度保障,优化服务支持,进一步充实乡村教师专业发展的制度保障和服务支持措施等,以进一步立足乡村教育实际优化乡村教师专业发展的支持策略与支持系统。谢小兰基于乡村振兴战略背景,立足乡村教育的发展现状,围绕乡村教师的专业发展诉求,呼吁国家、社会、教育行政部门、高校及乡村学校等多元支持主体为乡村教师专业发展提供政策支持、文化支持、专业支持等多层次多维度的支持与服务。刘应兰从全纳教育理念出发,提出要从国家层面提供法律和物质保障、社会层面提供文化和价值支持、教育行政部门提供政策制度和动力支持、高等院校提供专业支持和高质量培训、乡村学校发挥好主阵地作用、乡村教师个人树立自我发展的专业信念等方面提供系统、精准、持续的立体式的支持服务体系。闫丽霞基于 UGS(University Government School,即大学、政府、学校)协同视野,认为乡村教师专业发展的主动性、实效性不高,与多个主体协同不力的社会支持现状有较大关系。为了更好地促进乡村教师专业发展,需要UGS 协同构建全面支持与深度支持并重、远程支持与本地支持并举、物资支持与精神支持并行、短期培训与跟踪评价并用的乡村教师专业发展支持体系。朱海等从乡村教师心理需求入手,探究乡村教师心理状况不佳的原因,最后构建乡村教师心理服务体系来进行疏解,希望从心理服务体系的角度,让更多的乡村教师"愿留、乐教"。

从国际研究现状来看,Jeffrey B. Kritzer 等探讨了乡村职前教师对教育多元化的态度以及大学课程设置的对策。

综上所述,乡村教师专业发展支持服务的研究已取得较丰富的成果,这为本研究奠定了较坚实的基础。同时,分析发现,当前乡村教师专业发展支持服务的研究还存在一些不足,主要表现为:在研究视角上,基本上是从教育学和文化学的角度去分析问题,较少从社会学的角度去审视;在研究内容上,过于集中于教师培训和政策制度保障,没有形成完整的乡村教师专业发展支持服务体系;在研究主体上,基本上是师范院校的研究者,与乡村教师密切联系的地方教育科研机构、教育行政部门和乡村教师参与较少;在研究方法上,多运用文献研究、调查研究,少见实证方法的运用;在工作建议上,提出的对策建议泛于宏观、零碎,针对性不强,差异化、个性化特征不足,也还没有较系统化、整体性的研究成果;在研究地域上,还没有重庆市全市范围内乡村教师专业发展支持服务的研究成果。这些都为本研究留下了较充足的空间。

1.3　理论基础

1.3.1　教师专业发展理论

教师职业的专业性问题是在 17 世纪末 18 世纪初随着师范教育的出现和教育教学理论的发展而被人们所认识和重视的。但正式提出使教师职业向专业化发展是在 1966 年联合国教科文组织与国际劳工组织的《关于教师地位的建议》中体现的。《关于教师地位的建议》提出："应当把教师职业视为专门的职业,这种职业要求教师经过严格地、持续地学习,获得并保持专门的知识和特别的技术。"1980 年以后,教师专业化已成为国际性趋势,人们高度重视教师专业化问题。1980 年的《世界教育年鉴》即以"教师专业发展"为主题。但"教师专业化"无论在理论上还是在实践上都有待发展和完善。1980 年以后召开了多次专门以教师专业发展为主题的国际会议,对深刻理解专业发展概念,并在实践中促进教师专业发展起到了积极的推动作用。尽管如此,对教师专业化这一概念的认识仍然是见仁见智。总体而言,教师专业化的基本含义:第一,教师专业既包括学科专业性,也包括教育专业性,国家对教师任职既有规定的学历标准,也有必要的教育知识、教育能力和职业道德的要求;第二,国家有教师教育的专门机构、专门教育内容和措施;第三,国家有对教师资格和教师教育机构的认定制度和管理制度;第四,教师专业发展是一个持续不断的过程,教师专业化也是一个发展的概念,既是一种状态,又是一个不断深化的过程。

教师专业发展是指教师作为专业人员,从专业思想到专业知识、专业能力、专业品质等方面由不成熟到比较成熟的发展过程,即由一个专业新手发展成为专业型教师或教育家型教师的过程。在这个过程中,教师会经历适应期、能力建立期、成熟期、稳定期、后发展期等不同的成长阶段,部分教师会停滞在某个发展阶段,不会经历这个完整的过程。

根据《中华人民共和国教师法》和《中华人民共和国义务教育法》,教育部研究制定了《小学教师专业标准(试行)》和《中学教师专业标准(试行)》。这是国家对小学和中学合格教师专业素质的基本要求,是教师实施教育教学行为的基本规范,是引领教师专业发展的基本准则,是教师培养、准入、培训、考核等工作的重要依据。《小学教师专业标准(试行)》以师德为先、学生为本、能力为重、终身学习为基本理念,从专业理念与师德、专业知识、专业能力三个维度,提出职业理解与认识、对小学生的态度与行为、教育教学的态度与行为、个人修养与行为、小学生发展知

识、学科知识、教育教学知识、通识性知识、教育教学设计、组织与实施、激励与评价、沟通与合作、反思与发展等 13 个领域 60 项基本要求。《中学教师专业标准(试行)》以师德为先、学生为本、能力为重、终身学习为基本理念,从专业理念与师德、专业知识、专业能力三个维度,提出职业理解与认识、对学生的态度与行为、教育教学的态度与行为、个人修养与行为、教育知识、学科知识、学科教学知识、通识性知识、教学设计、教学实施、班级管理与教育活动、教育教学评价、沟通与合作、反思与发展等 14 个领域 63 项基本要求。这是我国教师专业发展研究的集中体现,也为本研究提供了参考维度。

教师专业发展是一项复杂的工程,影响教师专业发展的因素来自社会层面、学校层面和教师个人层面。教师的社会地位和职业吸引力、教师评价与培训制度等社会因素及校长领导类型、学校文化等学校因素是影响教师专业发展的外部因素,个人因素则主要包括对教师职业的满意度和个人的专业发展、专业知识、专业能力、自身专业发展意识等,属于内部因素。教师专业发展的影响因素直接影响教师的专业历程和专业发展的结果。

根据教师专业发展理论,结合乡村教师的特性,我们认为,乡村教师专业发展与地方政府、教育行政部门、业务部门、学校、社会相关主体提供的专业条件保障、专业水平认同、专业发展机会、专业情感归属等外部因素密切相关,与乡村教师自身专业精神、专业信念、专业知识、专业能力等个人因素更密切相关。不同类型、不同发展阶段的乡村教师的影响因素不同,需要找准其需求重点和突破点,建立共性基础上的个性化支持服务并提高自身专业发展动力,提升乡村教师专业发展水平和能力。

1.3.2 社会支持理论

社会支持作为一个科学的专业术语被正式提出始于 20 世纪 70 年代初,精神病学文献最先引入社会支持这一概念。它原本是社会病原学所采用的一个概念,用以说明互动、社会网络和社会环境对社会成员的心理受挫感和剥夺感所产生的影响。后来,其应用逐渐扩展到心理学、社会学领域。社会学专家、心理学专家、流行病学专家等不同领域专家从不同研究视角对社会支持这一概念进行了定义或说明,从不同角度对社会支持进行了概念界定。但总体而言,社会支持是以社会网络为基础的一种人与人之间的社会互动。社会支持的帮助对象是社会弱者,社会或者社会成员通过一定的社会网络利用精神上或者物质上的资源对其进行帮助。从社会支持的方式分类,社会支持包含客观支持、主观体验到的支持和对支持的利用度。客观支持也称实际社会支持,包括物质上的直接援助和社会网络、团体关系的直接存在和参与,主观体验到的支持也称领悟社会支持,即个体所体验到的主观和客观的支持,也就是个体得到的客观支持和在社会中受尊重、被支持、被理解而产生的情感体验和满意程度。对支持的利用度是指主体对客体支持的利用程度。

社会支持系统是一个复杂的系统结构,一般来说,社会支持系统的构成主要包括三大部分:社会支持的主体、社会支持的客体、社会支持的内容。社会支持的主体是提供社会支持的国家、组织、团体及其代表和个人等社会支持的施者,社会支持的客体是接受社会支持的社会脆弱群体和个人等社会支持的受者,社会支持的内容包括物质救济、生活服务、精神慰藉和道义声援等。社会支持的内容可以分为两类:一类为客观可见的或实际的支持,包括物质的直接援助和社会网络、团体关系的存在和参与;另一类为主观的、可体验到的情感上的支持,指个体在社会中受到尊重、支持和理解的情感体验和满意程度,与个体的主观感受密切相关。

根据社会支持理论,我们认为,乡村教师是社会支持的客体,地方政府、教育行政部门、业务部门、学校、社会相关主体等是支持服务的主体,专业条件保障、专业水平认同、专业发展机会、专业情感归属是社会支持的内容,专业条件保障、专业发展机会是客观可见的或实际的支持,专业水平认同、专业情感归属是主观的、可体验到的情感上的支持。乡村教师专业发展支持服务是一个有机的社会支持系统。

1.3.3　系统理论

系统一词来源于拉丁文 systema,原意是由诸部分组成的整体。通常把系统定义为由若干要素以一定结构形式联结构成的具有某种功能的有机整体。这是出于相互关系和联系之中的要素集合,它构成某种整体性和统一性。系统思想源远流长,但作为一门科学的系统论,人们公认是美籍奥地利人、理论生物学家 L. V. 贝塔朗菲创立的。他于 1932 年提出"开放系统理论",提出了系统论的思想。1937 年提出了一般系统论原理,奠定了这门科学的理论基础。但是他的论文《关于一般系统论》到 1945 年才公开发表,他的理论到 1948 年在美国再次讲授"一般系统论"时,才得到学术界的重视。确立这门科学学术地位的是 1968 年贝塔朗菲发表的专著《一般系统理论:基础、发展和应用》(*General System Theory:Foundations,Development,Applications*),该书被公认为是这门学科的代表作。系统的概念经过长期的历史进化,从 20 世纪中叶起逐步形成一种关键性的哲学方法论概念和专门的科学概念。系统论认为,整体性、关联性和等级结构性、动态平衡性、时序性等是系统的共同的基本特征。系统就是由相互作用的诸要素所组成的整体,是由相互关联、相

互制约的各个部分组成的。任何系统要素本身也同样是一个系统,要素作为系统构成原系统的子系统,子系统又必然由次子系统构成⋯⋯如此构成一种层次递进关系。因而,系统结构另一个方面的重要内容就是系统的层次结构,系统存在在本质上是一个动态过程,系统结构不过是动态过程的外部表现。而任一系统作为过程又构成更大过程的一个环节、一个阶段。系统的定律是"整体大于各个部分的总和"。系统论的基本观点是把研究对象作为一个系统的同时,认为每个要素在系统中都处于一定的位置上并起着特定的作用。其核心是系统的整体性、目的性、最优化。换一句话说,从系统的整体出发,选用最优的方法、程序和手段,整合、优化各子系统功能,达到预期的有效的目的。系统理论提供了一条使系统和要素相结合的辩证的认识论原则,为从整体上去认识和掌握乡村教师专业发展社会支持服务系统的性质和规律,提供了一个出发点和支撑点。

根据系统理论,我们认为,地方政府、教育行政部门、业务部门、学校、社会相关主体等是支持服务的主体系统,专业条件保障、专业水平认同、专业发展机会、专业情感归属是社会支持的内容系统,专业精神、专业信念、专业知识、专业能力是支持服务的客体系统,三个系统又构成一个有机大系统,三个系统内部需要有机整合,以最小成本实现系统的最优化,最大限度地提高乡村教师专业发展社会支持服务系统的功能作用,以最大化地提升乡村教师的专业素质。

1.4 核心概念界定

(1)乡村教师

从地域、功能等方面来讲,乡村是与城市相对应的概念。本研究的乡村教师概念的界定基于"乡村"的定义之上,将乡村教师定义为从教于城市(含县级城市、地级城市、省会城市)之外的村、乡(镇、街道)地区学校的九年义务教育阶段的教师。

(2)乡村教师专业发展

乡村教师专业发展有与普通教师的共性,但相对于城市教师,乡村教师面临不同的教育对象和社会环境,更需要他们对乡村教育、乡村学校的认可。因此,本研究将乡村教师专业发展定义为乡村教师专业精神、专业信念、专业知识、专业能力形成的整体状态不断提高、升华的过程。

(3)乡村教师专业发展支持服务

相对于城市教师,乡村教师处于不利的工作场景和工作环境,他们的专业发展需要系统性的支持服务。因此,本研究将乡村教师专业发展支持服务定义为为提高乡村教师专业发展水平而需要地方政府、教育行政部门、业务部门、高校、学校、社会相关主体等主要支持服务主体在专业条件保障、专业水平认同、专业发展机会、专业情感归属等方面提供的支持服务体系。

1.5　研究内容

（1）重庆市乡村教师结构

研究重庆市乡村教师的性别、年龄、职称、职务、学历、教龄、家庭所在地、学校类型等结构变化，分析重庆市乡村教师队伍的基本情况。

（2）重庆市乡村教师专业发展现状

研究重庆市乡村教师的专业精神、专业信念、专业知识、专业能力等专业发展现状及各类乡村教师的专业精神、专业信念、专业知识、专业能力等方面的个性特征。

（3）重庆市乡村教师专业发展的需求分析

通过对问卷调查和对部分相关主体的深度访谈，分析重庆市乡村教师对专业条件保障、专业水平认可、专业发展机会、专业情感归属的共性需求和各类乡村教师对专业条件保障、专业水平认可、专业发展机会、专业情感归属的个性需求。

（4）重庆市乡村教师专业发展支持服务模式

基于文献研究和实地调查访谈掌握的材料，总结近年来教育行政部门、业务部门、乡村学校、社会各界支持乡村教师专业发展的主要工作模式及工作实效。

（5）重庆市乡村教师专业发展支持服务实效

通过对问卷调查和对部分相关主体的深度访谈，从地方政府、教育行政部门、教育业务部门、乡村学校、社会相关主体等多层面，对乡村教师专业发展支持服务工作的专业条件保障、专业水平认同、专业发展机会、专业情感归属等方面进行系统研究，掌握重庆市乡村教师专业发展社会支持服务的现状、主要成绩和突出问题。

（6）重庆市乡村教师专业发展影响因素分析

通过对问卷调查和对部分相关主体的深度访谈，分析乡村教师离职意向影响因素及专业发展目标、专业发展最主要激励因素和主要障碍因素等相关因素。

（7）重庆市乡村教师专业发展支持服务完善策略

基于前述研究结果和重庆市乡村教育发展需要，从教育行政部门、教育业务部门、乡村学校、高校、社会相关主体等乡村教师专业发展社会支持服务主要支持主体，提出完善重庆市乡村教师专业发展社会支持服务体系以促进和支持乡村教师专业发展的对策建议。

1.6　研究方法

遵循"调查现状,发现问题,分析问题,解决问题,形成特色"的思路,从地方政府、教育行政部门、教育业务部门、乡村学校、社会相关主体等多层面,以教师专业发展理论、社会支持理论、系统论等相关理论为指导,在调查分析重庆市乡村教师专业发展、支持服务需求及支持服务现状的基础上,基于社会学的视角,探索以"合力"方式支持服务乡村教师专业发展的方法与途径,提出完善重庆市乡村教师专业发展支持服务体系的建议。主要研究方法有:

（1）文献分析法

搜集相关资料,查阅文献,结合课题研究框架,进行相关文献的查阅与分析;系统梳理社会支持理论、教师专业发展理论、系统理论等相关理论和已有的乡村教师专业发展支持服务研究文本,总结重庆市乡村教师专业发展支持服务模式,厘清各领域学者对乡村教师专业发展支持服务体系的研究现状;整理国家和重庆市乡村教师系列政策文件和重庆市乡村教师专业发展支持服务研究成果,明确政策目标和内容。

（2）调查法

包含 2015 年重庆市乡村教师基本情况和 2019 年乡村教师专业发展支持服务现状两次调查。

2015 年重庆市乡村教师基本情况调查聚焦乡村教师工作生活状况及其感受、期望,编制调查问卷与访谈提纲。调查问卷采用全封闭式设计,由三个方面的内容组成:第一部分为乡村教师的基本情况,包括性别、所学专业、婚姻、年龄、职称、最高学历、乡村学校任教年限、家庭所在地、学校区域等;第二部分为乡村教师生活状况及其感受、期望,包括收入、住房、生活难题、主要期望、生活感受等;第三部分为乡村教师工作状况及其感受、期望,包括乡村任教原因、流动意愿、工作时间、培训进修、专业发展现状、工作感受等。在重庆市乡村教师相对较多的渝东南、渝东北、渝西地区,随机抽取 12 个区县,每个区县分乡镇中学、乡镇小学、中心校和教学点四个层面随机抽取 300 名乡村教师作为调查对象,通过区县教育督导机构向被调查教师发放纸质问卷 3 600 份,问卷完成后由区县教育督导机构回收并得到有效问卷 3 331 份。

2019 年乡村教师专业发展支持服务现状调查聚焦乡村教师专业精神、专业信念、专业知识、专业能力等专业发展水平和在专业条件保障、专业水平认同、专业发展机会、专业情感归属等方面的需求及现状,编制调查问卷与访谈提纲;根据社会支持理论、教师专业发展理论、系统理论和调查目的,基于中小学教师专业发展标准、乡村教师特征分析,编制调查问卷和访谈提纲。调查问卷由三个方面的内容组成:第一部分为乡村教师的基本情况,包括性别、所学专业、年龄、职称、职务、最高学历、乡村学校任教年限、家庭所在地、学校类型、工作地与县城的车程、所在学校学生规模等。第二部分为乡村教师专业水平现状,从专业精神、专业信念、专业知识、专业能力四个维度调查乡村教师专业发展水平。其中,专业精神是专业发展的内在动力,专业信念是专业发展的情感助力,专业知识是专业发展的坚实基础,专业能力是专业发展的直接表现,它们形成一个有机系统。第三部分是乡村教师专业发展获得的支持服务现状,主要包括教育行政部门、业务部门、学校、社会相关主体等主要支持服务主体在专业条件保障、专业水平认同、专业发展机会、专业情感归属四个方面提供的支持服务情况。第四部分是乡村教师专业发展支持服务需求,主要包括乡村教师为提高自身专业素质而需要教育行政部门、业务部门、学校、社会相关主体等主要支持服务主体在专业条件保障、专业水平认同、专业发展机会、专业情感归属四个方面的需求。第五部分是乡村教师的专业发展影响因素。用初定的调查问卷与访谈提纲对重庆市荣昌区、石柱县的部分乡村教师开展预调查,根据预调查过程和结果的反馈,修订完善调查问卷与访谈提纲。在区县责任督学支持下,课题组通过问卷星平台,以随机抽样的方式,在乡村教师较多的重庆市主城之外的 15 个区县调查,收回有效问卷 6 218 份。同时,深入重庆典型区县教育行政部门、业务指导部门、教育督导部门、代表性学校,与区县教育行政部门人事科工作人员、教研室(教科所、进修院校、教师发展中心)负责人和学科教研员、责任督学、乡村教师进行深度访谈,进一步了解乡村教师专业发展过程中社会支持现状,搜集更直观可靠的资料,总结乡村教师专业发展支持服务及需求个性特征,弥补问卷调查的不足,深化研究的深度,进一步验证、扩展调查数据的数量及可靠性。本书以较广泛的问卷调查和深度访谈方式,调查乡村教师专业发展的现状、乡村教师专业发展的支持服务现状与需求等,倾听、了解各方对乡村教师专业发展支持服务工作的意见建议,搜集乡村教师专业发展支持服务工作现状信息,掌握各方的预期效果,为课题研究提供现实依据。

(3)数据分析法

运用 SPSS 19.0 对调查数据进行频数、交叉对比、卡方检验、独立样本 T 检验、单因素方差分析、事后多重比较分析、多元线性回归分析等统计分析,分析数据的关联性和相关性,挖掘数据的研究价值。将通过各种途径搜索到的资料、数据进行量化统计与质性分析,总结提炼研究成果。

1.7 研究意义

本研究依据社会学理论,从教育精准扶贫的视角,基于大系统透视教育问题,依据教育系统与社会系统的内在联系及社会支持服务体系的本质属性,以重庆市乡村教师专业发展支持服务的专业条件保障、专业发展机会、专业水平认可、专业情感归属为维度,从地方政府、教育行政部门、教育业务部门、乡村学校、社会相关主体等层面,对重庆市乡村教师专业发展支持服务现状进行全景式的梳理、分析、研究,健全针对性和实效性强的重庆市乡村教师专业发展支持服务体系。本研究成果对促进乡村教师专业发展、加强乡村教师队伍建设具有重要价值;对推进乡村教育发展和城乡教育优质均衡,实现教育公平,全面建成小康社会有现实意义。

重庆市乡村教师专业发展支持服务是综合性社会问题。本研究在已有研究成果的基础上,对重庆市乡村教师专业发展支持服务现状进行系统研究,在总结重庆市乡村教师专业发展支持服务普适性基础上,对不同类型乡村学校、不同发展阶段的乡村教师的个性化需求进行探微式研究,建立乡村教师专业发展支持服务针对性强、实效性好的体系。这将有助于拓展乡村教师专业发展支持服务研究空间,丰富、深化乡村教师专业发展支持服务研究内容,为建立乡村教师专业发展支持服务体系提供理论借鉴和文献参考,为相关研究提供鲜活的案例和实证数据。

1.8 本章总结

本研究立足于乡村教师专业发展,基于已有研究成果和教师专业发展理论、社会支持理论、系统理论,以地方政府、教育行政部门、教育业务部门、乡村学校、社会相关主体等为支持服务主体,以乡村教师为支持服务客体,以专业条件保障、专业发展机会、专业水平认可、专业情感归属为支持服务内容,构建乡村教师专业发展支持服务体系并以此为研究的逻辑框架,提出乡村教师专业发展的对策建议,为乡村教师专业发展研究提供借鉴参考和实证数据。

第2章　重庆市乡村教师结构分析

本章通过2015年重庆市乡村教师基本情况调查数据和2019年乡村教师专业发展支持服务现状调查问卷数据对比,分析重庆市乡村教师的性别结构、专业结构、年龄结构、职称结构、学历结构;在此基础上,进行交叉分析,深入探讨重庆市乡村教师性别结构、专业结构、年龄结构、职称结构、学历结构的变化。

2.1　性别结构

2.1.1　基本情况

2015年重庆市乡村教师基本情况调查数据显示,性别选项有效人数为3 328人[①],其中,男教师有1 711人,百分比为51.4%;女教师有1 617人,百分比为48.6%。女教师的比例比男教师低2.8%。2019年乡村教师专业发展支持服务现状调查数据显示,6 218名乡村教师中,男教师有2 681人,占比43.1%;女教师有3 537人,占比56.9%。女教师的比例比男教师高13.8%。2019年访谈区县教育行政部门人事科负责人发现,近年来,多数区县乡村教师招聘报名时,女性应聘者基本占90%以上。录取时,男教师比例基本上也不到录取总数的10%。这些均体现了近四年新入职女教师明显增多的趋势。

2.1.2　性别与教龄交叉分析

2015年重庆市乡村教师基本情况调查数据显示,任教年限选项有效人数为

---

① 2015年重庆市乡村教师基本情况调查因各选项有缺失项,各选项有效数据略有不同。清除所有缺失项后的有效问卷为2 505份。

3 297 人。任教年限 3 年及以下的教师有 367 人,其中女教师 270 人(占比73.6%),男教师 97 人(占比 26.4%);任教年限 4~10 年的教师有 734 人,其中女教师 459 人(占比 62.5%),男教师 275 人(占比 37.5%);任教年限 11~20 年的教师有 1 061 人,其中女教师 510 人(占比 48.1%),男教师 551 人(占比 51.9%);任教年限 21~30 年的教师有 791 人,其中女教师 293 人(占比 37.0%),男教师 498人(占比 63.0%);任教年限 31 年及以上的教师有 344 人,其中女教师 70 人(占比20.3%),男教师 274 人(占比 79.7%)。

2019 年乡村教师专业发展支持服务现状调查数据显示,6 218 名乡村教师中,任教年限 3 年及以下的教师有 1 388 人,其中女教师 1 106 人(占比 79.7%),男教师 282 人(占比 20.3%);任教年限 4~10 年的教师有 1 298 人,其中女教师 975 人(占比 75.1%),男教师 323 人(占比 24.9%);任教年限 11~20 年的教师有 1 519人,其中女教师 770 人(占比 50.7%),男教师 749 人(占比 49.3%);任教年限 21~30 年的教师有 1 326 人,其中女教师 513 人(占比 38.7%),男教师 813 人(占比 61.3%);任教年限 31 年及以上的教师有 687 人,其中女教师 173 人(占比25.2%),男教师 514 人(占比 74.8%)。

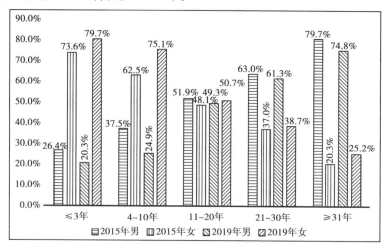

图 2.1 性别与教龄交叉分析图

图 2.1 显示,近四年新入职的乡村教师女性化的趋势明显加速,近 10 年入职的乡村女教师在数量上占绝对优势,入职 10~20 年的教师的性别大致相当,入职20 年及以上的乡村男教师在数量上占绝对优势。男教师占比随着任教年限的递增明显增长,女教师占比随着任教年限的递减明显增长。这在相当程度上反映出,在 21 世纪初乡村教师社会地位、经济地位不尽如人意且中国加入世界贸易组织后

社会更加多元开放的背景下,男大学生就业选择机会更加多样。从此,男女教师占比开始出现逆转。年轻乡村教师女性化现象给乡村学校女教师(特别是偏远乡村学校女教师)带来婚恋难题,同时,因全面"二孩"政策后女教师会相对集中哺育小孩,年轻乡村教师女性化现象给学校造成较大的短期师资压力(这在小规模乡村学校尤其突出)。

2.1.3　性别与家庭所在地交叉分析

2015 年重庆市乡村教师基本情况调查数据显示,家庭所在地选项有效人数为3 296 人。家庭在本村的教师 145 人,其中女教师 48 人(占比 33.1%),男教师 97人(占比 66.9%);家庭在本乡镇的教师 1 170 人,其中女教师 490 人(占比 41.9%),男教师 680 人(占比 58.1%);家庭在本区县的教师 1 656 人,其中女教师 870 人(占比 52.5%),男教师 786 人(占比 47.5%);家庭在本市的教师 270人,其中女教师 161 人(占比 59.6%),男教师 109 人(占比 40.4%);家庭在外省市的教师 55 人,其中女教师 31 人(占比 56.4%),男教师 24 人(占比 43.6%)。

2019 年乡村教师专业发展支持服务现状调查数据显示,6 218 名乡村教师中,家庭在本村的教师 298 人,其中女教师 123 人(占比 41.3%),男教师 175 人(占比58.7%);家庭在本乡镇的教师 1 692 人,其中女教师 759 人(占比 44.9%),男教师933 人(占比 55.1%);家庭在本区县的教师 3 094 人,其中女教师 1 793 人(占比58.0%),男教师 1 301 人(占比 42.0%);家庭在本市的教师 954 人,其中女教师731 人(占比 76.6%),男教师 223 人(占比 23.4%);家庭在外省市的教师 180 人,其中女教师 131 人(占比 72.8%),男教师 49 人(占比 27.2%)。

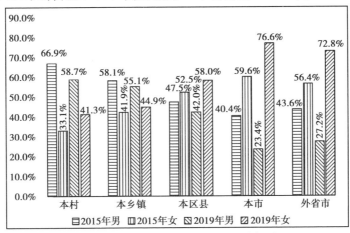

图 2.2　性别与家庭所在地交叉分析图

图 2.2 显示,近四年,来自学校所在区县之外的女教师日渐增多,这体现出乡村教师来源打破了地域空间限制。但来自学校所在区县之外的女教师在学校所在地的社会资源相对较少、对本地风俗习惯了解不多,而她们所在的乡村学校大多偏僻、分散,与外界的交流少,与本土乡村社会也鲜有交集,社会关注度不高。因此,需要对她们给予更多的人文关怀、生活照顾和乡土文化培训。

2.2 专业结构

2.2.1 基本情况

2015 年重庆市乡村教师基本情况调查数据显示,毕业专业选项有效人数为 3 289 人。毕业于师范专业的教师有 2 881 人,百分比为 87.6%;毕业于非师范专业的教师有 408 人,百分比为 12.4%。2019 年乡村教师专业发展支持服务现状调查数据显示,6 218 名乡村教师中,毕业于师范专业的教师有 4 809 人,百分比为 77.3%;毕业于非师范专业的教师有 1 409 人,百分比为 22.7%。

图 2.3 显示,许多非师范专业的毕业生进入乡村学校,乡村教师来源渠道增多。但访谈学校教研员、责任督学和校长发现,非师范专业教师仅通过一周左右的入职培训,他们的教育教学专业知识和能力与同期师范专业教师有较大差距,整体专业素质相对不高,需加强职后培养培训。

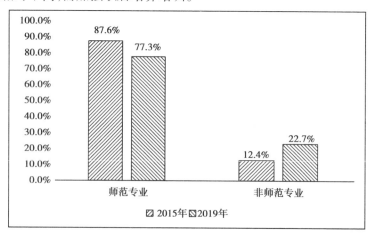

图 2.3 专业结构分析图

2.2.2 专业与学历交叉分析

2015 年重庆市乡村教师基本情况调查数据显示,学历选项有效人数为 3 239

人。高中(中专、中师)及以下 139 人,师范专业毕业生 111 人(占比 79.9%),非师范专业毕业生 28 人(占比 20.1%);专科学历教师 1 183 人,师范专业毕业生 1 011 人(占比 85.5%),非师范专业毕业生 172 人(占比 14.5%);本科学历教师 1 867 人,师范专业毕业生 1 684 人(占比 90.2%),非师范专业毕业生 183 人(占比 9.8%);研究生学历教师 50 人,师范专业毕业生 35 人(占比 70.0%),非师范专业毕业生 15 人(占比 30.0%)。

2019 年乡村教师专业发展支持服务现状调查数据显示,6 218 名乡村教师中,高中(中专、中师)及以下学历教师 124 人,师范专业毕业生 108 人(占比 87.1%),非师范专业毕业生 16 人(占比 12.9%);专科学历教师 2 242 人,师范专业毕业生 1 711 人(占比 76.3%),非师范专业毕业生 531 人(占比 23.7%);本科学历教师 3 833 人,师范专业毕业生 2 974 人(占比 77.6%),非师范专业毕业生 859 人(占比 22.4%);研究生学历教师 19 人,师范专业毕业生 16 人(占比 84.2%),非师范专业毕业生 3 人(占比 15.8%)。

图 2.4 显示,专科和本科学历的非师范专业乡村教师占比日渐增多,本科学历的师范专业占比日渐减少,近四年入职的非师范专业乡村教师以专科和本科学历为主。如何结合乡村学校发展需要,让师范专业和非师范专业教师相互整合以实现乡村教师在专业发展方面扬长避短,是区县教研机构和乡村学校需要重点关注的现实问题。

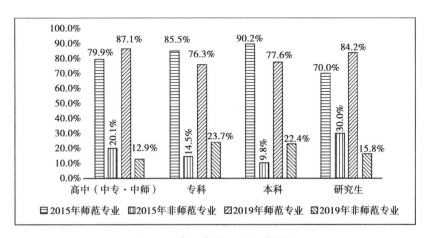

图 2.4　专业与学历交叉分析图

2.3 年龄结构

2.3.1 基本情况

2015 年重庆市乡村教师基本情况调查数据显示,年龄选项有效人数为 3 305 人。25 岁及以下教师有 243 人,百分比为 7.3%;26～39 岁教师有 1 547 人,百分比为 46.8%;40～55 岁教师有 1 374 人,百分比为 41.6%;56 岁及以上教师有 141 人,百分比为 4.3%。2019 年乡村教师专业发展支持服务现状调查数据显示,6 218 名乡村教师中,25 岁及以下教师有 715 人,百分比为 11.5%;25～30 岁教师有 1 381 人,百分比为 22.2%;31～40 岁教师有 1 744 人,百分比为 28.1%;41～50 岁教师有 1 538 人,百分比为 24.7%;51 岁及以上教师有 840 人,百分比为 13.5%。这反映了重庆市乡村教师队伍整体年龄结构合理和年轻化趋势较明显。

2.3.2 年龄与所在学校类型交叉分析

通过 2019 年乡村教师专业发展支持服务现状调查数据年龄与所在学校类型交叉分析(表 2.1)发现,51 岁及以上教师在教学点中的占比(21.3%)比在其他学校类型中占比明显偏高,教学点中 25 岁及以下教师占比(11.2%)明显低于教学点

表 2.1　年龄与所在学校类型交叉分析表

			年龄/岁					合　计
			<25	25～30	31～40	41～50	≥51	
学校类型	教学点	计数	61	107	118	143	116	545
		百分比	11.2%	19.6%	21.7%	26.2%	21.3%	100.0%
	村中心校	计数	199	377	325	272	179	1 352
		百分比	14.7%	27.9%	24.0%	20.1%	13.3%	100.0%
	乡镇小学	计数	350	634	814	730	396	2 924
		百分比	12.0%	21.7%	27.8%	25.0%	13.5%	100.0%
	乡镇中学	计数	105	263	487	393	149	1 397
		百分比	7.5%	18.8%	34.9%	28.1%	10.7%	100.0%
合　计		计数	715	1 381	1 744	1 538	840	6 218
		百分比	11.5%	22.2%	28.1%	24.7%	13.5%	100.0%

中其他年龄段教师。这说明,教学点教师老龄化现象依然存在,年轻教师相对偏少,教学点教师年龄结构还有待优化。

2.4 职称结构

2.4.1 基本情况

2015 年重庆市乡村教师基本情况调查数据显示,职称选项有效人数为 3 282 人。无职称教师有 208 人,百分比为 6.3%;初级教师有 1 618 人,百分比为 49.3%;中级(含小高)教师有 1 316 人,百分比为 40.1%;高级(含正高)教师有 140 人,百分比为 4.3%。2019 年乡村教师专业发展支持服务现状调查数据显示,6 218 名乡村教师中,无职称教师有 761 人,百分比为 12.2%;初级教师有 2 700 人,百分比为 43.4%;中级(含小高)教师有 2 341 人,百分比为 37.7%;高级(含正高)教师有 416 人,百分比为 6.7%。表 2.2 显示,近四年在年轻教师增加较多的情况下,中高级教师占比基本持平,高级教师占比还有所提高,职称结构得到优化,职称政策向乡村教师倾斜的政策得到较好落实。

表 2.2 职称变动情况表

年份/年	无职称/%	初级/%	中级(含小高)/%	高级/%	合计/%
2015	6.3	49.3	40.1	4.3	100
2019	12.2	43.4	37.7	6.7	100

2.4.2 职称与学校规模交叉分析

通过职称与学校规模交叉分析(表 2.3)发现,小规模学校副高级教师占比仅为 3.2%,中级教师占比 33.2%,与其他规模同类教师相比,其比例明显偏少,应加大职称向小规模学校倾斜的力度。

2.5 学历结构

2015 年重庆市乡村教师基本情况调查数据显示,学历选项有效人数为 3 275 人。高中(中专、中师)及以下学历教师有 144 人,百分比为 4.4%;专科学历教师有 1 199 人,百分比为 36.6%;本科学历教师有 1 881 人,百分比为 57.4%;研究生学历教师有 51 人,百分比为 1.6%。2019 年乡村教师专业发展支持服务现状调查

表2.3　学校规模与职称交叉分析表

			职　　称					合　计
			无职称	初级	中级（含小高）	副高级	正高级	
学校规模	100人以内	计数	148	365	268	26	1	808
		百分比	18.3%	45.2%	33.2%	3.2%	0.1%	100.0%
	101～500人	计数	310	1 000	834	123	1	2 268
		百分比	13.7%	44.1%	36.8%	5.4%	0.0%	100.0%
	501～1 000人	计数	185	741	636	128	1	1 691
		百分比	10.9%	43.8%	37.6%	7.6%	0.1%	100.0%
	1 001～2 500人	计数	106	536	511	111	0	1 264
		百分比	8.4%	42.4%	40.4%	8.8%	0.0%	100.0%
	2 501～4 000人	计数	12	56	87	23	0	178
		百分比	6.7%	31.5%	48.9%	12.9%	0.0%	100.0%
	4 001人及以上	计数	0	2	5	2	0	9
		百分比	0.0%	22.2%	55.6%	22.2%	0.0%	100.0%
合　计		计数	761	2 700	2 341	413	3	6 218
		百分比	12.2%	43.4%	37.7%	6.6%	0.1%	100.0%

数据显示,6 218名乡村教师中,高中(中专、中师)及以下学历教师有124人,百分比为2.0%;专科学历教师有2 242人,百分比为36.1%;本科学历教师有3 833人,百分比为61.6%;研究生学历教师有19人,有效百分比为0.3%。图2.5显示,高中(中专、中师)及以下学历教师减少,本科学历教师比例有较大提高,乡村教师整体学历结构进一步优化。同时,访谈区县教育行政机构人事部门领导和工作人员发现,近年新入职乡村教师基本上没有"一本"学历,"二本"学历占比也不高。乡中心校和教学点新进教师中,"三本"学历教师和专科教师占比较高。他们的学历符合相关要求,但多数教研员和乡村学校校长认为,近10年新入职乡村教师的专业素质呈逐渐下滑之势,还需大力提高乡村教师专业能力。

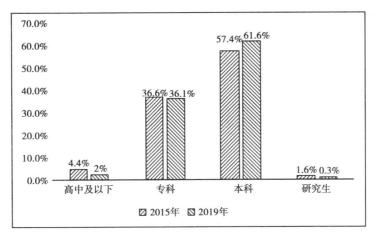

图 2.5　学历结构对比图

2.6　新教师结构

通过 2019 年乡村教师专业发展支持服务现状调查数据中任职年限与专业、家庭所在地、学历、所在学校类型的交叉分析来看，既有师范专业毕业生（68.7%），又有非师范专业毕业生（31.3%）；既有本科生（81.7%），又有专科生（17.9%）和研究生（0.4%）；既有家庭在本区县的（57.6%），又有家庭在外区县的（43.4%）。与 2015 年重庆市乡村教师基本情况调查 25 岁及以下的乡村教师数据相比，非师范专业教师、本科学历教师、家庭在外区县的教师更多。这说明，重庆市近四年入职的年轻乡村教师来源较广泛，"下得去"的通道已打通。

2.7　本章总结

通过对比 2015 年重庆市乡村教师基本情况调查数据和 2019 年乡村教师专业发展支持服务现状调查问卷数据发现，近四年来，重庆市乡村教师的年龄结构、职称结构、学历结构进一步优化，来源广泛，重庆市乡村队伍建设取得明显成效。与此同时，乡村教师的女性化趋势加剧，来自工作单位所在区县之外的女教师增多，非师范专业毕业生增多，这是重庆市乡村教师队伍建设和乡村教师专业发展支持服务工作中需重点关注的现实问题。

第3章　重庆市乡村教师专业发展现状研究

乡村教师专业发展包含专业精神、专业信念、专业知识、专业能力。其中，专业精神是专业发展的内在动力，专业信念是专业发展的情感助力，专业知识是专业发展的坚实基础，专业能力是专业发展的直接表现，它们形成一个有机整体。本章通过2019年乡村教师专业发展支持服务现状调查问卷数据，分析重庆市乡村教师的专业精神、专业信念、专业知识、专业能力等专业发展现状及各类乡村教师的专业精神、专业信念、专业知识、专业能力等方面的个性特征。

3.1　专业精神

乡村教师的专业精神是乡村教师对自身职业及活动的价值、使命的理解，它包括职业认同、职业态度、专业主动性、专业自觉性。其中，职业认同是专业精神的内核，职业态度、专业主动性和专业自觉性是专业精神的外显。

3.1.1　职业认同

职业认同是乡村教师对自己从事的职业的认可，它包括对教师职业和乡村学校任教岗位的认可。职业认同是乡村教师"留得住""教得好"的根基。调查发现，在"如重新选择职业"选项中，有10.7%的乡村教师最希望改行，有35.8%的乡村教师最希望继续留在本校任教，有36.3%的乡村教师最希望到离家近的学校任教，有17.2%的乡村教师最希望到条件好的学校任教。可见，89.3%的乡村教师认同自己从事的教师岗位和教师职业。这为重庆市乡村教师队伍的稳定奠定了良好的基础。但仍有64.2%的教师希望调动单位或转行，这说明乡村教师队伍稳定性问题仍需高度重视，还需采取有力措施稳定乡村教师队伍。

卡方检验发现，不同性别的教师改行期望差异极其显著（$\chi^2 = 83.474, P = 0.000 <$

0.01）。男教师（14.8%）极其显著且高于女教师（7.6%）。这说明，乡村教师岗位对男教师吸引力差，这也是近年来新入职男教师越来越少、女教师相对较多的重要原因。

通过与家庭所在地交叉分析发现（表3.1），家庭在学校所在区县外的教师希望到离家近的学校任教的比例最高，家庭在本村和本乡镇的教师希望继续在本校工作的比例最高。因此，在加强对家庭在学校所在区县外的教师人文关怀的同时，乡村教师招聘可尽量向本土学生倾斜。

表 3.1　家庭所在地与重新选择职业意愿交叉分析表

			如重新选择职业，最希望				合　计
			继续在本校工作	到条件好的学校任教	到离家近的学校任教	立即改行	
家庭所在地	本村	计数	201	44	34	19	298
		百分比	67.4%	14.8%	11.4%	6.4%	100.0%
	本乡镇	计数	926	346	211	209	1 692
		百分比	54.7%	20.4%	12.5%	12.4%	100.0%
	本区县	计数	898	505	1 326	365	3 094
		百分比	29.0%	16.3%	42.9%	11.8%	100.0%
	本市	计数	164	148	581	61	954
		百分比	17.2%	15.5%	60.9%	6.4%	100.0%
	外省市	计数	34	28	105	13	180
		百分比	18.9%	15.6%	58.3%	7.2%	100.0%
合　计		计数	2 223	1 071	2 257	667	6 218
		百分比	35.8%	17.2%	36.3%	10.7%	100.0%

3.1.2　职业态度

职业态度是乡村教师在教育教学工作中的工作态度。乡村学校学生整体素质相对较差，乡村教师工作态度对学生健康成长和教育质量提升尤其重要。乡村教师对学生作业批注情况是其直观反映。调查显示，45.2%的乡村教师每次学生作业都会批注，31.3%的乡村教师经常批注学生作业，19.5%的乡村教师有选择性地批注学生作业，2.4%的乡村教师偶尔批注学生作业，1.6%的乡村教师没批注过

学生作业。可见,大多数乡村教师工作认真负责。

卡方检验发现,不同年龄的教师每次都会批注和经常批注作业情况差异极其显著($\chi^2 = 27.105$,$P = 0.000 < 0.001$)。从表3.2可见,年龄小于25岁的教师和25~30岁的教师明显低于年龄为41~50岁的教师和51岁及以上的教师,31~40岁的教师排在中间。这表明,41岁及以上的教师工作更认真负责,年轻教师应向他们学习并传承其良好的工作态度及工作作风。

表3.2 年龄与对学生作业的批注情况交叉分析表

			对学生作业的批注情况					合 计
			没批注过	偶尔批注	有选择性地批注	经常批注	每次都批注	
年龄	25岁以下	计数	21	22	169	216	287	715
		百分比	2.9%	3.1%	23.6%	30.2%	40.2%	100.0%
	25~30岁	计数	36	41	332	409	563	1 381
		百分比	2.6%	3.0%	24.0%	29.6%	40.8%	100.0%
	31~40岁	计数	31	49	355	555	754	1 744
		百分比	1.8%	2.8%	20.4%	31.8%	43.2%	100.0%
	41~50岁	计数	7	26	244	525	736	1 538
		百分比	0.4%	1.7%	15.9%	34.1%	47.9%	100.0%
	51岁及以上	计数	7	11	113	241	468	840
		百分比	0.8%	1.3%	13.5%	28.7%	55.7%	100.0%
合 计		计数	102	149	1 213	1 946	2 808	6 218
		百分比	1.6%	2.4%	19.5%	31.3%	45.2%	100.0%

3.1.3 专业主动性

专业主动性是乡村教师主动解决自己教育教学困惑的意识。乡村学校对外交流学习渠道较少,更需要乡村教师主动想办法解决自己教育教学困惑以提升自己的专业素质和教学成效。调查显示,当遇到教育教学困惑时,87.3%的乡村教师是向同事请教,74.4%的乡村教师是向网络求助,59.1%的乡村教师是查阅教学参考书,32.5%的乡村教师是参阅教学期刊,只有2.8%的乡村教师置之不理。总体而言,多数乡村教师专业主动性较强,但他们的解决方式是更多地向他人请教或查阅参考书而获得零碎的教学经验或知识,对领悟教学期刊发表的较系统、深入的教学经验或方法重视不够。

卡方检验发现,不同职称的教师遇到教育教学困惑时参阅教学期刊情况的差异明显($\chi^2 = 11.121$,$P = 0.025 < 0.05$)。从表 3.3 可见,高级职称(含副高级和正高级)教师高于中级教师、初级教师,无职称教师居中。这表明,高级职称教师更善于基于自己的教学实践领悟他人的教育教学经验,其他教师应提高这方面的意识。

表 3.3　职称与有教育教学困惑或困难时看教学期刊交叉分析表

			有教育教学困惑或困难时,通常做法是(看教学期刊)		合　计
			未选中	选中	
职称	无职称	计数	491	270	761
		百分比	64.5%	35.5%	100.0%
	初级	计数	1 846	854	2 700
		百分比	68.4%	31.6%	100.0%
	中级(含小高)	计数	1 605	736	2 341
		百分比	68.6%	31.4%	100.0%
	副高级	计数	259	154	413
		百分比	62.7%	37.3%	100.0%
	正高级	计数	1	2	3
		百分比	33.3%	66.7%	100.0%
合　计		计数	4 202	2 016	6 218
		百分比	67.6%	32.4%	100.0%

3.1.4　专业自觉性

专业自觉性是乡村教师自觉提升自己专业素质的意识。乡村学校大多地处偏僻,信息相对闭塞,乡村教师更需要在闲暇时间自觉阅读学习以提升自己的专业素质。在自己阅读时间占闲暇时间方面,23.9%的乡村教师自认在10%以下,47.9%的乡村教师自认在10%~30%,20.3%的乡村教师自认在30%~50%,6.0%的乡村教师自认在50%~70%,1.9%的乡村教师自认在70%及以上。可见,多数乡村教师有一定程度的专业自觉性。

卡方检验发现,不同学历教师间差异明显($\chi^2 = 108.957, P = 0.000 < 0.001$)。高中及以下学历教师和专科学历教师明显好于(以阅读时间超过闲暇时间30%为标准)本科学历教师(表3.4)。究其原因,高中及以下学历的教师基本上是20世纪70年代后期和80年代初期参加工作的初中生,专科学历教师基本上是20世纪八九十年代毕业于县城师范学校的中师生,本科学历教师大多是近10年毕业于大中城市二本或三本院校的本科生,成长年代和学习经历的不同造就了他们不同的专业自觉性。

表3.4　最高学历与用于看书(教材教辅书籍以外)的时间大约占空暇时间的交叉分析表

			用于看书(教材教辅书籍以外)的时间大约占空暇时间的比例					合　计
			10%以下	10% ~ 30%	30% ~ 50%	50% ~ 70%	70% 及以上	
最高学历	高中及以下	计数	18	56	35	11	4	124
		百分比	14.5%	45.2%	28.2%	8.9%	3.2%	100.0%
	专科	计数	410	1 083	516	173	60	2 242
		百分比	18.3%	48.3%	23.0%	7.7%	2.7%	100.0%
	本科	计数	1 054	1 832	703	190	54	3 833
		百分比	27.5%	47.8%	18.3%	5.0%	1.4%	100.0%
	研究生	计数	6	7	4	2	0	19
		百分比	31.6%	36.8%	21.1%	10.5%	0.0%	100.0%
合　计		计数	1 488	2 978	1 258	376	118	6 218
		百分比	23.9%	47.9%	20.3%	6.0%	1.9%	100.0%

3.2　专业信念

乡村教师的专业信念是乡村教师对自身专业活动涉及的教育主体和活动的认识,它包括学生信念、教学信念和自我信念,它们都是专业信念的表现方式。

3.2.1　学生信念

学生信念是乡村教师对其教育对象发展目标的期待。乡村学校留守儿童较多,他们的健康成长是家庭和社会的首要期望,因此,乡村教师要根据实际确立恰当的学生信念并作为教育教学活动的基点,这是乡村教师专业素质的基本内容。

调查显示,在日常教育教学中,乡村教师对学生发展的关注点从高到低依次是行为习惯(91.8%)、学习态度(90.6%)、学习兴趣(85.7%)、身心健康(80.1%)、思想品德(77.5%)、学习成绩(65.6%)。可见,绝大多数乡村教师基于乡村学生实际情况,更关注学生的习惯、态度、兴趣,更注重学生健康成长,立德树人的意识较强。这也表明,乡村教师新课程育人观较强。卡方检验发现,乡村教师的学生信念在各个维度均无明显差异。这说明,乡村教师的学生信念较一致。

3.2.2　教学信念

教学信念是乡村教师对教学活动的综合认识。乡村学校的教育对象、教育环境、可用教育资源等均有其自身的特殊性,这决定了乡村教师的教学活动有自身特点,乡村教师要有适宜的教学信念。课堂教学设计观念是教学信念的突出表现。调查显示,乡村教师教学设计关注点从高到低排序依次为教学内容难易度(83.0%)、师生及生生间互动(82.4%)、学习方法指导(74.8%)、与考点的结合(64.2%)、教学资源的可用度(55.7%)、学生生活经历(54.8%)、分析编者意图(34.3%)。可见,多数乡村教师能根据乡村学校学生较少等实际情况,重视教学互动、教学内容难易度和学习方法指导。但他们对学生经历关注不够,对编者意图分析不足,新课程教学理念仍有待提升。

访谈发现,校级干部和骨干教师明显比中层干部和普通教师更重视分析编者意图。其主要原因是校级干部和骨干教师培训进修机会较多,他们的教学理念转变较快。同时,专科学历教师和本科学历教师比高中学历及以下教师更注重学生生活经历。究其原因,高中学历及以下教师多为"民转公"的老教师,他们接受新观念的能力弱,教学信念转变慢,仍固守传统知识传授教学观。这说明,校级干部、骨干教师和专科及本科学历教师新课程教学理念转变相对更快,普通教师和高中学历及以下教师应多参加相应专题培训及研修活动。

3.2.3　自我信念

自我信念是乡村教师对自身教学活动效能的主观感受。乡村学校整体教育质量不高,这需要乡村教师要有较强的教学自信心。调查显示,22.1%的乡村教师自认为完全胜任自己的工作,40.6%的乡村教师自认为胜任自己的工作,20.3%的乡村教师自认为基本胜任自己的工作,17.0%的乡村教师自认为对自己工作有点压力(11.7%)或压力颇大(5.3%)。可见,近2/3的乡村教师自我信念较强,有较高的教学自信。卡方检验发现,乡村教师的自我信念在各个维度均无明显差异。这

说明,乡村教师的自我信念较一致。

3.3 专业知识

乡村教师的专业知识是乡村教师在乡村学校教育教学及生活需要的基本知识的总称。乡村教师既要胜任多学科教学又要能管理指导学生,扎根乡村也需要有一定的业余生活,这对乡村教师的专业知识提出更全面的要求。乡村教师的专业知识突出体现在乡村教师擅长的知识类型。调查显示,乡村教师擅长的知识类型从高到低依次是学科教学技能类知识(21.4%)、教育教学实践类知识(20.6%)、教育理论类知识(16.9%)、基本文化类知识(12.7%)、学科知识(10.2%)、家居养生类知识(6.4%)、时政类知识(6.2%)、消遣娱乐(5.6%)。可见,乡村教师在注重教育教学知识的同时,也关注通识性知识、学科知识和丰富自身的业余生活知识。这表明他们既注重自身的专业生活,也关注自己的业余生活。

通过擅长的专业知识类型与教师职称交叉对比分析发现(表3.5),在教育教学知识方面,无职称教师的学科知识和基本文化知识较丰富,但教学技能、教育实

表 3.5　擅长的专业知识类型与教师职称交叉分析表

		平时擅长的专业知识类型								合　计
		消遣娱乐类	家居养生类	教育理论类	学科教学技能类	教育教学实践类	基本文化知识类	时政类书籍	其他类型	
职称	无职称 计数	53	25	126	166	131	130	24	106	761
	百分比	15.2%	6.3%	12.0%	12.5%	10.2%	16.4%	6.2%	16.6%	12.2%
	初级 计数	168	159	405	569	550	385	125	339	2 700
	百分比	48.3%	40.2%	38.5%	42.8%	43.0%	48.7%	32.5%	53.2%	43.4%
	中级(含小高) 计数	110	189	428	512	507	230	188	177	2 341
	百分比	31.6%	47.7%	40.6%	38.5%	39.7%	29.1%	48.8%	27.8%	37.7%
	副高级 计数	17	23	91	82	91	46	48	15	413
	百分比	4.9%	5.8%	8.6%	6.2%	7.1%	5.8%	12.5%	2.4%	6.7%
	正高级 计数	0	0	3	0	0	0	0	0	3
	百分比	0.0%	0.0%	0.3%	0.0%	0.0%	0.0%	0.0%	0.0%	0.0%
合　计	计数	348	396	1 053	1 329	1 279	791	385	637	6 218
	百分比	100.0%	100.0%	100.0%	100.0%	100.0%	100.0%	100.0%	100.0%	100.0%

践、教育理论类知识相对不足;初级教师教学技能、教育实践类知识较丰富,但教育理论类知识相对不足;中级教师教学技能、教育实践、教育理论类知识较丰富,但学科类知识相对不足;高级教师教育实践、教育理论类知识较丰富,但学科和基本文化知识相对不足。这与他们所处的职业生涯发展阶段和教育教学积淀密切相关。访谈发现,部分中老年教师基本上不阅读专业知识和学科知识方面的书籍,他们的知识储备与现代社会的要求已经有较大的差距,这对他们的发展和学生发展极为不利。在业余生活知识方面,无职称教师消遣娱乐类知识较丰富,初级和中级教师时政类知识较丰富,高级教师家居养生类知识较丰富。这与他们的生活经历和阅历密切相关。乡村教师的专业知识特点表明,不同职称教师的专业知识各有所长、互补性较强,乡村学校应充分利用好这一差异性资源以提升乡村教师整体专业知识水平和丰富乡村教师业余生活。

3.4　专业能力

乡村教师的专业能力是乡村教师教育教学能力的总称,主要包括课堂教学能力、教学反思能力、现代教育技术运用能力、教育科研能力、校本课程开发能力、专业影响能力。其中,课堂教学能力、教学反思能力、现代教育技术运用能力是基本能力,教育科研能力、校本课程开发能力、专业影响能力是发展能力。

3.4.1　课堂教学能力

课堂教学能力是乡村教师课堂教学设计、课堂教学组织与生成的能力,这是乡村教师必备的基本能力。调查发现,22.5%的乡村教师认为自己课堂教学能力强,63.0%的乡村教师认为自己课堂教学能力较强,14.1%的乡村教师认为自己课堂教学能力一般,0.4%的乡村教师认为自己课堂教学能力较差。这说明,大多数乡村教师自认课堂教学能力较强。

卡方检验发现,不同职务的教师间差异极其显著($\chi^2 = 89.860$, $P = 0.000 < 0.001$),骨干教师(92.3%)、中层干部(91.3%)自认课堂教学能力非常明显强于普通教师(84.7%);不同职称的教师间差异显著($\chi^2 = 53.023$, $P = 0.000 < 0.01$),中级教师(87.9%)、高级教师(88.5%)和初级教师(84.7%)自认明显强于无职称教师(81.2%)。访谈发现,中层干部大多是从教学骨干中选拔的,他们基本上没脱离教学一线,他们的课堂教学能力仍较强;而校级干部工作重心已转向教育管理,不重视提高自己的课堂教学能力。无职称教师多为年轻教师,教学积淀不足,课堂教

学能力有待提高。这也表明,乡村学校可充分发挥中层干部、骨干教师和中高级教师的教学优势以提升乡村教师整体课堂教学能力。

3.4.2 教学反思能力

教学反思能力是乡村教师审视、分析自己教学活动的理念、方式、行为、效果并以此改进自己教学活动的意识和能力。乡村学校同学科教师少,学科教学交流对象较少,教学反思尤其重要,这也是乡村教师必备的基本能力。教学反思能力主要表现为课后教学反思方式。调查发现,乡村教师课后教学反思的主要方式有分析学生作业(75.5%)、同事交流(74.6%)、教案上做批注(66.6%)、听学生意见(57.2%)、写教学日记(30.5%)、写教学案例(30.1%)、分析自己的教学录音录像(10.0%),另有15.6%的教师课后基本上没有反思。可见,乡村教师教学反思意识整体较强,但多数乡村教师仍比较注重浅层、零碎的他主式教学反思,对深层次、较系统的自主式反思方式重视不够,教学反思能力有待进一步提升。

3.4.3 现代教育技术运用能力

现代教育技术运用能力是乡村教师运用现代教育技术和手段推进自己教育教学和专业学习的能力。在互联网与教育融合发展的新时代,信息相对闭塞、教育资源相对不足的乡村学校,乡村教师提高教育资源共享的现代教育技术运用能力对提升专业素质特别重要。乡村教师的现代教育技术运用能力主要表现为课件的制作和运用能力。调查发现(表3.6),六成多的乡村教师具备一定的现代教育技术运用能力。其中,53.7%的乡村教师能够修改课件为自己教学所用,具备了基本的现代教育技术应用能力;9.6%的教师能根据自己的教学需要制作相应课件,具备了较好的现代教育技术运用能力。但仍有16.6%的乡村教师只能借用现有的课件,20.1%的乡村教师基本不用课件。近四成(36.7%)的乡村教师现代教育技术应用能力需大力提升。访谈发现,近年来,乡村学校现代教育设施设备有了较明显的改善,但现代教育设施设备的使用率不高,资源闲置现象较严重;现代教育设施设备大多作为演示工具,其教育价值并没有真正体现出来,"穿新鞋走老路"的现象较普通。这表明,在5G信息时代,借助现代教育技术应用能力提升乡村教师专业能力仍任重道远。

表 3.6 乡村学校任教年限与运用微课等数字教学资源情况交叉分析表

| | | | 运用微课等数字教学资源情况 | | | | 合 计 |
			很少用	借助现成的课件	利用已有课件并作修改	自制课件	
乡村学校任教年限	1 年以内	计数	72	43	237	83	435
		百分比	16.6%	9.9%	54.4%	19.1%	100.0%
	1~3 年	计数	197	79	548	129	953
		百分比	20.7%	8.3%	57.5%	13.5%	100.0%
	4~10 年	计数	278	166	702	152	1 298
		百分比	21.4%	12.8%	54.1%	11.7%	100.0%
	11~20 年	计数	272	274	848	125	1 519
		百分比	17.9%	18.1%	55.8%	8.2%	100.0%
	21~30 年	计数	272	292	698	64	1 326
		百分比	20.5%	22.0%	52.7%	4.8%	100.0%
	31 年及以上	计数	161	178	301	47	687
		百分比	23.4%	25.9%	43.8%	6.9%	100.0%
合 计		计数	1 252	1 032	3 334	600	6 218
		百分比	20.1%	16.6%	53.6%	9.7%	100.0%

卡方检验发现,不同教龄教师间差异极其明显($\chi^2 = 253.822$,$P = 0.000 < 0.001$)。教龄 1 年以内的教师(73.6%)和教龄 1~3 年的教师(71.0%)、教龄 4~10 年(65.8%)的教师和教龄 11~20 年的教师(64.0%)非常明显高于教龄 21~30 年的教师(57.4%)和教龄 31 年及以上的教师(50.6%)。访谈发现,有相当部分 50 岁以上的教师基本上仍主要依靠"粉笔""黑板",不愿也不能使用现代教育设备和技术。这表明,乡村学校要充分发挥好年轻教师的现代教育技术运用优势,强化老教师的现代教育技术运用能力培养。

3.4.4 教育科研能力

教育科研能力是乡村教师运用科研知识解决自己教育教学实际问题的能力,是高素质乡村教师必须具备的能力。其主要表现为教育课题参与情况。调查显示(表 3.7),只有 35.1% 的乡村教师近三年主持主研过校级及以上级别的教育课题

(其中,有24.4%、7.3%、2.0%、1.4%的乡村教师分别主持主研了1个、2个、3个、4个及以上教育课题),高达64.9%的乡村教师近三年没有主持主研过教育课题。访谈发现,多数乡村教师认为,教育科研是学校领导和骨干教师的事,与自己无关;部分教师认为,没有教育科研方面的培训和指导,自己不知道如何做教育科研。可见,乡村教师教育科研意识和能力薄弱亟待提高,还需要加强乡村教师教育科研能力培训培养。

表3.7 所在学校与近三年承担(主持、主研)校级及以上级别的课题情况交叉分析表

			近三年承担(主持、主研)校级及以上级别的课题情况					合 计
			没有	1个	2个	3个	4个及以上	
所在学校	教学点	计数	409	91	33	6	6	545
		百分比	75.0%	16.7%	6.1%	1.1%	1.1%	100.0%
	村中心校	计数	880	327	95	27	23	1 352
		百分比	65.1%	24.2%	7.0%	2.0%	1.7%	100.0%
	乡镇小学	计数	1 841	750	226	69	38	2 924
		百分比	63.0%	25.6%	7.7%	2.4%	1.3%	100.0%
	乡镇中学	计数	908	350	99	20	20	1 397
		百分比	65.0%	25.1%	7.1%	1.4%	1.4%	100.0%
合 计		计数	4 038	1 518	453	122	87	6 218
		百分比	64.9%	24.4%	7.3%	2.0%	1.4%	100.0%

卡方检验发现,不同学校类型教师间差异极其明显($\chi^2 = 35.721, P = 0.000 < 0.001$),教学点教师(25.0%)的教育科研能力(以主持、主研过校级及以上级别的课题为标准)明显低于村中心校教师(34.9%)、乡镇小学教师(37.0%)和乡镇中学教师(35.0%)。教学点教师教育科研能力有待提高。

3.4.5 校本课程开发能力

校本课程开发能力是乡村教师利用校本教育资源促进本校学生个性发展的能力。乡村学校教育资源与教育对象有其独特性,这需要部分乡村教师具备开发实施校本课程的能力。这也是提升乡村教师专业素质的重要方式。乡村教师校本课程开发能力主要表现为校本课程开发及实施。调查发现,31.2%的乡村教师近三年组织过学生课外小组活动,10.3%的乡村教师举办课外专题讲座,2.5%的乡村

教师开发过学科整合类选修课,2.4%的乡村教师编写过学科拓展类读本,8.5%的教师开发过其他类校本课程(访谈发现,其主要是学生品德教育和乡土文化类课程读本),45.1%的乡村教师没有参与过任何形式的校本课程开发或实施。可见,乡村教师校本课程开发、实施的意识和能力弱,课程整合水平有待提升。

3.4.6　专业影响能力

专业影响能力是乡村教师对本地域教师教育教学的影响度。它是乡村教师提升专业素质和树立教学自信的主要方式,其主要形式是公开课和示范课。调查显示,近三年分别有21.1%、18.2%、18.0%、20.1%的乡村教师承担过1次、2次、3次、4次校级及以上级别的公开课和示范课;另有22.6%的乡村教师没有承担过任何形式的公开课和示范课。可见,乡村教师应增强提升专业影响能力的意识。

3.5　本章总结

乡村教师对教师的职业认同较高,职业态度较端正,专业主动性较强,专业信念和教学信念适宜,自我信念较强,专业知识基本到位,课堂教学能力较强,有一定的教学反思能力。总体而言,乡村教师具备了基本的专业素养,能胜任乡村学校教育教学工作。同时,他们对乡村学校岗位的认可不高,专业自觉性不够,现代教育技术能力、教育科研能力、校本课程开发能力、专业影响能力较弱,还需大力提升。

受历史和现实诸多因素影响,乡村教师结构多元,各类型教师专业素养的差异性较大。在性别方面,女教师的教师认同感明显高于男教师;在教龄方面,中青年教师现代教育技术运用能力明显强于老年教师;从年龄上看,41岁及以上教师职业态度明显好于其他教师;从职称看,高级教师专业主动性、教学反思能力优于其他教师,中高级教师的课堂教学能力强于其他教师,初级教师和无职称教师的学科知识、基本文化知识强于其他教师;从学历看,高中和专科教师的专业自觉性强于其他教师,他们也更注重学生生活经历。这些个性差异为精准提升乡村教师专业发展能力带来巨大的挑战,也为融合乡村教师的专业特长实现共同发展带来难得的机遇。

第4章 乡村教师专业发展支持
服务需求分析

本章通过2019年乡村教师专业发展服务现状调查问卷数据,分析乡村教师为提高自身专业素质对区县教育行政部门、区县教师培训机构、乡村学校、教师研究机构、社会相关主体等支持服务主体在专业条件保障、专业水平认同、专业发展机会、专业情感归属等主要方面提出的支持服务需求。

4.1 对区县教育行政部门的支持服务需求

在当前以区县为主体的教育行政管理体制下,教育行政管理部门是本地教育政策制定者、执行者及教育资源的分配者,也是乡村教师、乡村学校、乡村教育的主要行政管理者和乡村教师专业发展支持服务的主要责任人。乡村教师对区县教育行政部门的支持服务主要集中在行政管理和条件保障两个方面。

4.1.1 对区县教育行政部门行政管理方面的需求

乡村教师对区县教育行政部门行政管理方面的需求(图4.1)按百分比从高到低依次是减少与教育无关的检查和杂务(79.5%)、职称晋级的倾斜(66.1%)、分类考核乡村学校和教师(65.9%)、增加编制以减轻工作负担(61.5%)、减轻学校的安全压力(48.0%)、区县内调动照顾夫妻分居教师(40.7%)。

在减少与教育无关的检查和杂务方面,79.5%教师希望区县教育行政部门减少与教育无关的检查和杂务。卡方检验发现,不同职务的教师间差异极其显著($\chi^2 = 34.370, P = 0.000 < 0.01$),校长的期望明显高于学校中层、骨干教师和普通教师(表4.1),这说明校长迎接检查的压力更大,其次是学校中层。访谈发现,乡村教师除了备课、上课、批改作业、出试卷、批阅试卷等日常教学工作外,还有一个

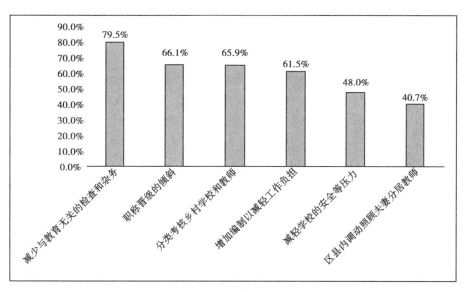

图 4.1　乡村教师对区县教育行政部门管理需求图

重要的任务就是为迎接创建卫生城镇、创建文明城镇、义务教育发展基本均衡县督导检查、安全检查、食品卫生检查、消防检查、乡村少年宫专项检查等名目繁多的检查而准备记录表、计划表、会议记录等各类表格和过程资料。有的乡村学校还须按上级要求抽调部分教师离校参加乡镇民兵训练、驻村扶贫等活动。名目繁多的检查和上级安排的活动基本上都与学校考核挂钩,为了学校年终考核及与此相关的学校绩效考核,学校和教师不得不花更多的精力和时间认真准备并完成任务。这导致乡村教师虽然工作时间长但真正用于教育教学的时间不多,在很大程度上影响了学校教学管理,增加了学校和教师的工作量,加重了教师的工作负担和职业倦怠,浪费了教师宝贵的学习研修时间,不利于教师静心教学和专业成长。卡方检验发现,学校与县城的车程不同的学校教师间差异极其显著($\chi^2 = 20.236, P = 0.000 < 0.01$)。学校距县城的车程在 0.5 ~ 1 小时的学校教师、学校距县城的车程在 0.5 小时以内的学校教师的期望明显高于学校距县城的车程在 1 ~ 2 小时的学校教师、学校距县城的车程在 2 ~ 3 小时的学校教师、学校距县城的车程在 3 小时及以上的学校教师(表 4.2)。这说明,学校距县城的车程在 0.5 ~ 1 小时的学校迎接检查的压力更大,其主要原因是这些乡村学校交通相对便利,便于上级抽检。访谈发现,重庆市各区县多数乡村学校距县城的车程都在 1 小时以内,这说明需要加大减少与教育无关的检查和杂务的力度。

表4.1　减少与教育无关的检查和杂务的期望与职务交叉分析表

			职务				合　计
			校级干部	学校中层	骨干教师	普通教师	
减少与教育无关的检查和杂务	未选中	计数	55	131	60	1 030	1 276
		百分比	11.9%	16.6%	23.0%	21.9%	20.5%
	选中	计数	406	659	201	3 676	4 942
		百分比	88.1%	83.4%	77.0%	78.1%	79.5%
合　计		计数	461	790	261	4 706	6 218
		百分比	100.0%	100.0%	100.0%	100.0%	100.0%

表4.2　减少与教育无关的检查和杂务与工作地距县城的车程交叉分析表

			工作地距县城的车程					合　计
			0.5 小时内	0.5～1 小时	1～2 小时	2～3 小时	3 小时以上	
减少与教育无关的检查和杂务	未选中	计数	82	380	538	187	89	1 276
		百分比	19.4%	17.7%	21.5%	23.7%	24.5%	20.5%
	选中	计数	340	1 761	1 964	603	274	4 942
		百分比	80.6%	82.3%	78.5%	76.3%	75.5%	79.5%
合　计		计数	422	2 141	2 502	790	363	6 218
		百分比	100.0%	100.0%	100.0%	100.0%	100.0%	100.0%

在职称晋级方面,职称晋级是获得同行同事专业认可的基本标志,是教师专业发展的重要通道。调查发现,66.1%的乡村教师希望教育行政部门更大力度的职称晋级倾斜。卡方检验发现,不同年龄段教师对此期望差异极其显著($\chi^2 = 550.031, P = 0.000 < 0.01$),基本上随年龄增加而递增;31 岁及以上教师比 30 岁及以下教师更期望获得同行同事的专业认同(表4.3)。本次调查还发现,44.4%的教师近期专业发展目标是职称晋级,位居首位;17.7%的教师认为最能调动自己专业发展主动性的是职称晋级,仅次于增加津贴。访谈发现,有的学校在职称晋级时,重资历和年龄,对教学业绩、专业水平重视不够,这严重挫伤了骨干教师和青年教师的进取心和工作积极性,导致部分教师对职称晋级存在"等靠要"依赖思想。这要求教育行政部门和学校要充分利用乡村教师职称晋级倾斜政策,设置恰当的职称晋级条件,让职称晋级倾斜政策成为提升教师专业地位和专业水平、教育教学业绩的催化

剂。调查还发现,54.0%的教师希望学校建立公平的职称晋级评审制度。这要求乡村学校制订客观公平的评审标准以充分调动教师提高专业素质和专业业绩的主动性。

表 4.3　职称晋级的倾斜期望与年龄交叉分析表

			年龄/岁					合　计
			<25	25～30	31～40	41～50	≥51	
职称晋级的倾斜	未选中	计数	427	680	487	316	196	2 106
		百分比	59.7%	49.2%	27.9%	20.5%	23.3%	33.9%
	选中	计数	288	701	1 257	1 222	644	4 112
		百分比	40.3%	50.8%	72.1%	79.5%	76.7%	66.1%
合　计		计数	715	1 381	1 744	1 538	840	6 218
		百分比	100.0%	100.0%	100.0%	100.0%	100.0%	100.0%

在分类考核乡村学校和教师方面,调查发现,65.9%的教师希望教育行政部门能分类考核乡村学校和教师。卡方检验表明,不同类型学校教师的期望差异极其显著($\chi^2 = 27.774, P = 0.000 < 0.01$),教学点教师(73.9%)和村小教师(68.6%)的期望明显强于乡镇小学教师(63.5%)和乡镇中学教师(64.4%)。这说明,教学点和村小教师更希望获得教育行政部门的行政认同。教育行政部门要建立分层分类发展性考核评价制度,充分调动薄弱学校及教师发展的积极性,以考核评价促乡村教师专业成长。

在增加编制以减轻工作负担方面,61.5%的乡村教师希望区县教育行政部门增加编制以减轻工作负担。卡方检验发现,不同类型的教师间差异极其显著($\chi^2 = 24.049, P = 0.000 < 0.01$),教学点教师(67.2%)的期望明显强于乡镇小学教师(62.7%)、村小教师(61.8%)和乡镇中学教师(56.5%)。这说明,教学点教师编制不足带来的工作压力更大,这对教学点教师专业发展极为不利,应加大对教学点教师编制和安排的倾斜力度。

在减轻学校的安全压力方面,48.0%的乡村教师希望区县教育行政部门减轻学校安全等方面的压力。卡方检验发现,不同职务的教师间差异极其显著($\chi^2 = 106.286, P = 0.000 < 0.01$),校长(68.8%)和学校中层(53.8%)的期望明显高于骨干教师(47.1%)和普通教师(44.1%)。这说明学校管理层的安全压力更大,校长不得不花更多的精力和时间来思考、解决学校的安全隐患,这也在很大程度上制约

了校长的专业领导力的提高,对指导教师专业成长不利。

在区县内调动照顾夫妻分居教师方面,40.7%的教师希望得到照顾。卡方检验发现,不同年龄的教师间差异极其显著($\chi^2 = 199.104$,$P = 0.000 < 0.01$),25~30岁的教师、25岁以下的教师和31~40岁的教师的期望明显高于41~50岁的教师和51岁及以上的教师(表4.4)。这说明正处于成家立业阶段的中青年教师对照顾家庭的需求更高,这也是他们希望调动到家庭附近学校的主要原因,在条件具备的情况下,应尽量给予他们相应的人文关怀。

表4.4 区县内调动照顾夫妻分居教师与年龄交叉分析表

			年龄/岁					合 计
			<25	25~30	31~40	41~50	≥51	
区县内调动照顾夫妻分居教师	未选中	计数	390	642	1 010	1 060	586	3 688
		百分比	54.5%	46.5%	57.9%	68.9%	69.8%	59.3%
	选中	计数	325	739	734	478	254	2 530
		百分比	45.4%	53.5%	42.1%	31.1%	30.2%	40.7%
合 计		计数	715	1 381	1 744	1 538	840	6 218
		百分比	100.0%	100.0%	100.0%	100.0%	100.0%	100.0%

4.1.2 对区县教育行政部门条件保障方面的需求

对区县教育行政部门条件保障方面的需求(图4.2)按百分比从高到低依次是

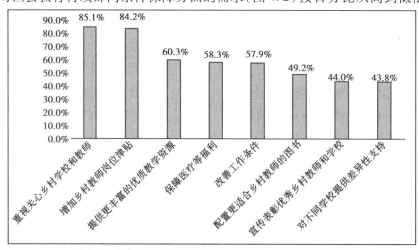

图4.2 乡村教师对区县教育行政部门支持保障需求图

重视关心乡村学校和教师(85.1%)、增加乡村教师岗位津贴(84.2%)、提供更丰富的优质教学资源（60.3%）、保障医疗等福利（58.3%）、改善工作条件(57.9%)、配置更适合乡村教师的图书（49.2%）、宣传表彰优秀乡村教师和学校(44.0%)、对不同学校提供差异性支持(43.8%)。

在重视关心乡村学校和教师方面,85.1%希望得到重视。卡方检验发现,不同工作地的教师间差异明显($\chi^2 = 14.460$,$P = 0.006 < 0.01$),与县城越远的教师希望值越高(表4.5)。这说明,区县教育行政部门对偏远地区教师应给予更多关注。

表4.5　重视关心乡村学校和教师与工作地距县城的车程交叉分析表

| | | | 工作地距县城的车程 | | | | | 合　计 |
			0.5 小时内	0.5～1 小时	1～2 小时	2～3 小时	3 小时以上	
重视关心乡村学校和教师	未选中	计数	89	320	354	113	50	926
		百分比	21.1%	14.9%	14.1%	14.3%	13.8%	14.9%
	选中	计数	333	1 821	2 148	677	313	5 292
		百分比	78.9%	85.1%	85.9%	85.7%	86.2%	85.1%
合　计		计数	422	2 141	2 502	790	363	6 218
		百分比	100.0%	100.0%	100.0%	100.0%	100.0%	100.0%

在增加乡村教师岗位津贴方面,84.2%的教师有此愿望。卡方检验发现,不同工作地的教师间差异明显($\chi^2 = 18.654$,$P = 0.01 < 0.05$)。距县城车程在1～2小时的教师希望值最高,其次是距县城车程在0.5～1小时的教师、距县城车程在2～3小时的教师、距县城车程在3小时以上的教师,最后是距县城的车程在0.5小时内的教师(表4.6)。这说明区县教育行政部门对距县城车程在2～3小时和3小时

表4.6　增加乡村教师岗位津贴与工作地距县城的车程交叉分析表

| | | | 工作地距县城的车程 | | | | | 合　计 |
			0.5 小时内	0.5～1 小时	1～2 小时	2～3 小时	3 小时以上	
增加乡村教师岗位津贴	未选中	计数	94	314	379	129	68	984
		百分比	22.3%	14.7%	15.1%	16.3%	18.7%	14.8%
	选中	计数	328	1 827	2 123	661	295	5 234
		百分比	77.7%	85.3%	84.9%	83.7%	81.3%	84.2%
合　计		计数	422	2 141	2 502	790	363	6 218
		百分比	100.0%	100.0%	100.0%	100.0%	100.0%	100.0%

以上的教师给予的倾斜政策有较好成效;距县城的车程在0.5小时内的教师因交通方便,期望值相对较低。但要对距县城的车程在0.5~2小时的教师要予以适当关注。

在提供更丰富的优质教学资源方面,60.3%的乡村教师希望教育行政部门提供更丰富的优质数字教学资源。卡方检验发现,不同年龄段教师的需求差异显著($\chi^2 = 18.043, P = 0.001 < 0.01$),25岁以下的教师的期望明显高于51岁及以上的教师,排在第二至四位的是25~30岁、41~50岁、31~40岁这三个年龄段的教师,基本上随年龄增加而递减(表4.7)。这表明51岁及以上的教师运用优质数字教育资源的意识弱。在本次接受调查的教师中,51岁及以上的教师占比达13.5%,增强这一群体的运用优质数字教育资源的意识和能力不容忽视。因此,在教育行政部门加强优质数字教育资源库建设的同时,教育业务部门还需针对性地对51岁及以上教师开展现代教育信息技术能力提升的专项培训。学校也要在校本研修中发挥好青年教师带头作用和对中老年教师的帮助作用,充分利用现代教育技术缩短教师专业发展周期并减少教师专业成长的投入。

表4.7　提供更丰富的优质教学资源与年龄交叉分析表

			年龄/岁					合　计
			<25	25~30	31~40	41~50	≥51	
提供更丰富的优质教学资源	未选中	计数	261	534	693	595	386	2 469
		百分比	36.5%	38.7%	39.7%	38.7%	46.0%	39.7%
	选中	计数	454	847	1 051	943	454	3 749
		百分比	63.5%	61.3%	60.3%	61.3%	54.0%	60.3%
合　计		计数	715	1 381	1 744	1 538	840	6 218
		百分比	100.0%	100.0%	100.0%	100.0%	100.0%	100.0%

在保障医疗等福利方面,58.3%的教师有此愿望。卡方检验发现,不同工作地的教师间差异明显($\chi^2 = 19.144, P = 0.01 < 0.05$),距县城越远的教师希望值越高(表4.8)。这说明,区县教育行政部门应加强与乡镇卫生医疗机构合作,解决好偏远地区教师医疗保障等福利问题。

在改善工作条件方面,57.9%的教师有此愿望。卡方检验发现,不同学校类型教师的需求差异显著($\chi^2 = 14.891, P = 0.002 < 0.01$),教学点教师的期望最高,其次是村中心校教师,最后是乡镇学校教师(表4.9)。这表明还需加快改善教学点、村

中心校教师工作条件的步伐,在"薄改"(农村义务教育薄弱学校改造)工程中还要适当关注教学点、村中心校的办学条件改善。

表4.8 保障医疗等福利与工作地距县城的车程交叉分析表

			工作地距县城的车程					合 计
			0.5 小时内	0.5~1 小时	1~2 小时	2~3 小时	3 小时以上	
保障医疗等福利	未选中	计数	210	922	1 011	318	133	2 594
		百分比	49.8%	43.1%	40.4%	40.3%	36.6%	41.7%
	选中	计数	212	1 219	1 491	472	230	3 624
		百分比	50.2%	56.9%	59.6%	59.7%	63.4%	58.3%
合 计		计数	422	2 141	2 502	790	363	6 218
		百分比	100.0%	100.0%	100.0%	100.0%	100.0%	100.0%

表4.9 改善工作条件与所在学校交叉分析表

			所在学校				合 计
			教学点	村中心校	乡镇小学	乡镇中学	
改善工作条件	未选中	计数	204	526	1 283	602	2 615
		百分比	37.4%	38.9%	43.9%	43.1%	42.1%
	选中	计数	341	826	1 641	795	3 603
		百分比	62.6%	61.1%	56.1%	56.9%	57.9%
合 计		计数	545	1 352	2 924	1 397	6 218
		百分比	100.0%	100.0%	100.0%	100.0%	100.0%

在配置更适合乡村教师的图书方面,49.2%的教师有此愿望。现场查看发现,多数乡村学校建有图书室且有一定数量藏书,但教师借阅量少。多数接受访谈的教师表示,学校图书更新不及时且更新时没有征求教师意见,学校图书不能满足教师阅读需要,适用性不强。卡方检验发现不同类型学校教师间差异极其显著($\chi^2 = 34.939, P = 0.000 < 0.01$),教学点的比例(54.4%)和村小教师的比例(53.3%)显著高于乡镇中学教师的比例(43.5%)和乡镇小学教师的比例(48.8%)。这说明教学点和村小教师对适用图书的需求比乡镇中小学教师更强烈。教育行政部门在图书配置时应向教学点和村小倾斜并增强其适用性,为教师的专业阅读提供坚实的物质保障。

在宣传表彰优秀乡村教师和学校方面,44.0%的教师有此愿望。卡方检验发现,不同类型学校教师期望差异极其显著($\chi^2 = 33.933$, $P = 0.000 < 0.01$),教学点和村中心校教师的比例显著高于乡镇中小学教师的比例(表4.10)。这说明教学点和村小教师更需要社会认可。教育行政部门要更多地宣传优秀教学点和村中心校及教师,为他们营造更好的社会氛围。

表4.10 宣传表彰优秀乡村教师和学校与所在学校交叉分析表

			所在学校				合　计
			教学点	村中心校	乡镇小学	乡镇中学	
宣传表彰优秀乡村教师和学校	未选中	计数	273	689	1 678	841	3 481
		百分比	50.1%	51.0%	57.4%	60.2%	56.0%
	选中	计数	272	663	1 246	556	2 737
		百分比	49.9%	49.0%	42.6%	39.8%	44.0%
合　计		计数	545	1 352	2 924	1 397	6 218
		百分比	100.0%	100.0%	100.0%	100.0%	100.0%

在对不同学校提供差异性支持方面,43.8%的教师有此愿望。卡方检验发现,不同规模学校教师期望差异极其显著($\chi^2 = 60.421$, $P = 0.000 < 0.01$),学生人数在500人及以下学校的教师意愿明显高于学生人数在500人以上规模学校的教师(表4.11)。这说明,较小规模学校教师的个性化需求还没有得到较好的满足,需要在以后的工作中适当关注较小规模学校和教师的个性化发展。

表4.11 对不同学校提供差异性支持与所在学校学生数交叉分析表

			所在学校学生人数/人						合　计
			≤100	101 ~ 500	501 ~ 1 000	1 001 ~ 2 500	2 501 ~ 4 000	≥4 001	
对不同学校提供差异性支持	未选中	计数	423	1 168	983	804	114	5	3 497
		百分比	52.4%	51.5%	58.1%	63.6%	64.0%	55.6%	56.2%
	选中	计数	385	1 100	708	460	64	4	2 721
		百分比	47.6%	48.5%	41.9%	36.4%	36.0%	44.4%	43.8%
合　计		计数	808	2 268	1 691	1 264	178	9	6 218
		百分比	100.0%	100.0%	100.0%	100.0%	100.0%	100.0%	100.0%

4.2　对区县教师培训机构的支持服务需求

在当前教育管理机制下,区县教师培训机构是乡村教师培训进修的主管部门。培训进修为教师提供了鲜活的教学情境、生动的教学案例、总结交流提升专业能力和转变教育理念的机会,便于教师直观体验、模仿和领悟,这是推进乡村教师专业发展的重要推手。乡村教师对区县教师培训机构的支持服务需求主要体现在培训进修等专业发展机会方面。

乡村教师对区县教师培训机构的支持服务需求(图4.3)按百分比从高到低依次是增强培训内容的实用性(78.9%)、送培下乡(49.8%)、增加培训次数(47.1%)、重视培养乡村教师种子选手(46.5%)、加强培训的后续支持(43.4%)、开展培训满意度调查(25.2%)。可见,在当前培训机会大大增加的情况下,乡村教师更加注重培训的成效和便利。

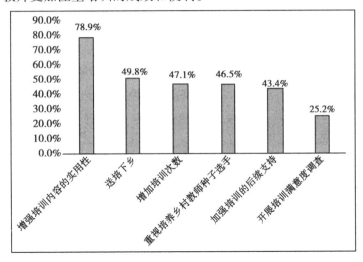

图4.3　乡村教师对区县教师培训机构需求示意图

在增强培训内容的实用性方面,78.9%的教师有此愿望。访谈发现,当前乡村教师培训内容主要是城市学校流行的教育理念、教学技术、教学方法等,基本上没有乡村教师教育教学典型案例、乡村学校急需的课堂小班化教学和留守儿童心理辅导等方面的内容。培训教师主要是城市教育教学专家和优秀教师,基本上没有乡村学校的优秀教师。这样的培训虽开阔了乡村教师的眼界,但却难以让乡村教师在自己的实际教学中直接应用,不能解决乡村教师教育教学中的实际问题,教师培训的获得感不强。卡方检验发现,师范专业和非师范专业教师期望差异极其显著($\chi^2 = 12.817$,$P = 0.000 < 0.01$),师范专业教师意愿明显高于非师范专业教师(表

4.12）。这说明师范专业教师的专业发展方向和目标更明确,非师范专业教师专业发展规划还需要进一步强化。

表4.12 增强培训内容的实用性与所学专业交叉分析表

			所学专业		合 计
			师范专业	非师范专业	
增强培训内容的实用性	未选中	计数	968	346	1 314
		百分比	20.1%	24.6%	21.1%
	选中	计数	3 841	1 063	4 904
		百分比	79.9%	75.4%	78.9%
合 计		计数	4 809	1 409	6 218
		百分比	100.0%	100.0%	100.0%

在送培下乡方面,49.8%的教师有此愿望。卡方检验发现,教学点、村中心校教师与乡镇中小学教师期望差异极其显著($\chi^2 = 18.671$,$P = 0.000 < 0.01$),教学点、村中心校教师明显高于乡镇中小学教师(表4.13)。这说明,区县教师培训机构送培下乡时还需要更加重视教学点、村中心校,要针对教学点、村中心校普遍存在的教学共性问题,有针对性地组织送培下乡活动。

表4.13 送培下乡与所在学校交叉分析表

			所在学校				合 计
			教学点	村中心校	乡镇小学	乡镇中学	
送培下乡	未选中	计数	246	632	1 497	745	3 120
		百分比	45.1%	46.7%	51.2%	53.3%	50.2%
	选中	计数	299	720	1 427	652	3 098
		百分比	54.9%	53.3%	48.8%	46.7%	49.8%
合 计		计数	545	1 352	2 924	1 397	6 218
		百分比	100.0%	100.0%	100.0%	100.0%	100.0%

在增加培训次数方面,47.1%的教师有此愿望。卡方检验发现,教学点教师与村中心校、乡镇中小学教师期望差异极其显著($\chi^2 = 14.391$,$P = 0.002 < 0.01$),教学点教师明显高于村中心校、乡镇中小学教师(表4.14)。这说明教学点教师培训机会仍需要增加并为其培训创造更好的便利条件。

表4.14　增加培训次数与所在学校交叉分析表

			所在学校				合　计
			教学点	村中心校	乡镇小学	乡镇中学	
增加培训次数	未选中	计数	255	729	1 526	781	3 291
		百分比	46.8%	53.9%	52.2%	55.9%	52.9%
	选中	计数	290	623	1 398	616	2 927
		百分比	53.2%	46.1%	47.8%	44.1%	47.1%
合　计		计数	545	1 352	2 924	1 397	6 218
		百分比	100.0%	100.0%	100.0%	100.0%	100.0%

在重视培养乡村教师种子选手方面,46.5%的教师有此愿望。卡方检验发现,不同规模学校教师期望差异极其显著($\chi^2 = 84.235$, $P = 0.000 < 0.01$),学生人数在500人及以下学校的教师意愿明显高于500人以上规模学校的教师(表4.15)。这说明,较小规模学校的优秀教师或骨干教师较少,需加大培训培养力度和政策支持力度。

表4.15　重视培养乡村教师种子选手与学校学生数交叉分析表

			所在学校学生人数/人						合　计
			≤100	101 ~ 500	501 ~ 1 000	1 001 ~ 2 500	2 501 ~ 4 000	≥4 001	
重视培养乡村教师种子选手	未选中	计数	375	1 101	956	782	108	5	3 327
		百分比	46.4%	48.5%	56.5%	61.9%	60.7%	55.6%	53.5%
	选中	计数	433	1 167	735	482	70	4	2 891
		百分比	53.6%	51.5%	43.5%	38.1%	39.3%	44.4%	46.5%
合　计		计数	808	2 268	1 691	1 264	178	9	6 218
		百分比	100.0%	100.0%	100.0%	100.0%	100.0%	100.0%	100.0%

在加强培训的后续支持方面,43.4%的教师有此愿望。卡方检验发现,不同年龄教师期望差异显著($\chi^2 = 19.940$, $P = 0.01 < 0.05$),40岁及以下教师加强培训的后续支持的意愿明显高于40岁以上教师(表4.16)。这说明,要转化培训观念,有针对性地对中青年教师开展系统性的跟踪深化培训,特别是要强化学科教研员与乡

村学校中青年骨干教师的结对帮扶。

表4.16 加强培训的后续支持与年龄交叉分析表

			年龄/岁					合　计
			<25	25~30	31~40	41~50	≥51	
加强培训的后续支持	未选中	计数	368	759	974	907	513	3 521
		百分比	51.5%	55.0%	55.8%	59.0%	61.1%	56.6%
	选中	计数	347	622	770	631	327	2 697
		百分比	48.5%	45.0%	44.2%	41.0%	38.9%	43.4%
合　计		计数	715	1 381	1 744	1 538	840	6 218
		百分比	100.0%	100.0%	100.0%	100.0%	100.0%	100.0%

4.3　对乡村学校的支持服务需求

乡村学校是区县教师专业发展支持服务政策的具体实施者,是乡村教师的直接管理者,是乡村教师专业发展支持服务的直接责任人。乡村教师对学校的支持服务需求集中在教育教学管理和保障支持两个方面。

4.3.1　对学校教育教学管理方面的需求

乡村教师对学校教育教学管理方面的需求(图4.4)按百分比从高到低依次是建立合理的考核评价制度(61.7%)、吸纳教师合理建议(58.5%)、建立公平的职称晋级考核制度(54.0%)、提高领导班子的管理水平(42.4%)、加强教学常规管理(41.6%)、深化学科组校本教研(40.2%)、减少跨年级及学科安排和培养学科种子教师(均为39.0%)、加强师德师风建设(33.8%)。

在合理的考核评价制度方面,61.7%的教师有此愿望。卡方检验发现,不同年龄教师期望差异极其显著($\chi^2 = 154.837$,$P = 0.000 < 0.01$),30岁以上教师对合理的考核评价制度的意愿明显高于30岁以下教师(表4.17)。这说明30岁以上教师更看重学校的认可。这要求学校应建立能得到大多数教师认可的考核评价标准,以激发教师加强专业品德修炼和提高专业发展水平及教育教学质量的动力源泉。

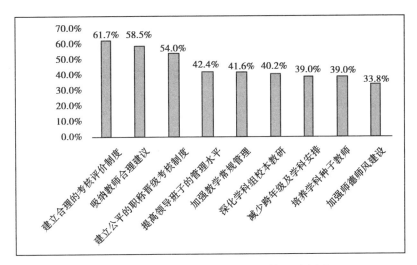

图 4.4　乡村教师对学校教育教学管理需求图

表 4.17　建立合理的考核评价制度与年龄交叉分析表

			年龄/岁					合　计
			<25	25～30	31～40	41～50	≥51	
建立合理的考核评价制度	未选中	计数	366	642	658	461	257	2 384
		百分比	51.2%	46.5%	37.7%	30.0%	30.6%	38.3%
	选中	计数	349	739	1 086	1 077	583	3 834
		百分比	48.8%	53.5%	62.3%	70.0%	69.4%	61.7%
合　计		计数	715	1 381	1 744	1 538	840	6 218
		百分比	100.0%	100.0%	100.0%	100.0%	100.0%	100.0%

在吸纳教师合理建议方面,58.5% 的教师有此愿望。卡方检验发现,不同年龄教师期望差异极其显著($\chi^2 = 17.346, P = 0.002 < 0.01$),40 岁以上教师对合理的考核评价制度的意愿明显高于 40 岁以下教师(表 4.18)。这说明 40 岁以上教师对学校管理及发展有较全面的理解,更希望得到学校的采纳。这要求学校应将有影响力、教师认可的中老年教师吸纳入工会或教代会,打通教师建言献策通道,提高学校决策的合理性和认可度,提升学校民主管理水平、治理能力和凝聚力。

表4.18　吸纳教师合理建议与年龄交叉分析表

			年龄/岁					合　计
			<25	25～30	31～40	41～50	≥51	
吸纳教师合理建议	未选中	计数	322	587	758	596	315	2 578
		百分比	45.0%	42.5%	43.5%	38.8%	37.5%	41.5%
	选中	计数	393	794	986	942	525	3 640
		百分比	55.0%	57.5%	56.5%	61.2%	62.5%	58.5%
合　计		计数	715	1 381	1 744	1 538	840	6 218
		百分比	100.0%	100.0%	100.0%	100.0%	100.0%	100.0%

在建立公平的职称晋级考核制度方面,54.0%的教师有此愿望。卡方检验发现,不同年龄教师期望差异极其显著($\chi^2 = 170.591, P = 0.000 < 0.01$),40岁以上教师对建立公平的职称晋级考核制度的期待值最高,其次是31～40岁教师,最后是30岁以下教师(表4.19)。访谈发现,多数40岁以上教师准备评高级职称,多数31～40岁教师准备评中级职称。所以,他们对公平的职称晋级考核制度需求强烈。这要求学校充分利用好公平的职称晋级考核制度来调动教师专业发展的积极性和主动性。

表4.19　建立公平的职称晋级考核制度与年龄交叉分析表

			年龄/岁					合　计
			<25	25～30	31～40	41～50	≥51	
建立公平的职称晋级考核制度	未选中	计数	447	737	773	581	325	2 863
		百分比	62.5%	53.4%	44.3%	37.8%	38.7%	46.0%
	选中	计数	268	644	971	957	515	3 355
		百分比	37.5%	46.6%	55.7%	62.2%	61.3%	54.0%
合　计		计数	715	1 381	1 744	1 538	840	6 218
		百分比	100.0%	100.0%	100.0%	100.0%	100.0%	100.0%

在加强教学常规管理方面,41.6%的教师有此愿望。卡方检验发现,不同规模学校教师期望差异极其显著($\chi^2 = 46.110, P = 0.000 < 0.01$),学生人数在500人及以下学校的教师意愿明显高于500人以上规模学校的教师(表4.20)。这说明较小规模学校教学常规管理还需加强,要通过完善学校教学常规管理制度及其落实

执行来提高教学质量和教师专业能力。

表 4.20　加强教学常规管理与所在学校学生人数交叉分析表

			\\						
			\\\\ 所在学校学生人数/人						合　计
			≤100	101～500	501～1 000	1 001～2 500	2 501～4 000	≥4 001	
加强教学常规管理	未选中	计数	437	1 237	1 018	810	121	6	3 629
		百分比	54.1%	54.5%	60.2%	64.1%	68.0%	66.7%	58.4%
	选中	计数	371	1 031	673	454	57	3	2 589
		百分比	45.9%	45.5%	39.8%	35.9%	32.0%	33.3%	41.6%
合　计		计数	808	2 268	1 691	1 264	178	9	6 218
		百分比	100.0%	100.0%	100.0%	100.0%	100.0%	100.0%	100.0%

在深化学科组校本教研方面,40.2%的教师有此愿望。访谈发现,乡村学校骨干教师偏少,缺少教学教研领头羊,教学研讨的效果不明显;乡村学校同学科教师人数较少,教师的研讨深度不够,不易形成教学研讨的氛围;乡村学校教研活动形式较单一,教学研讨的吸引力不强,教师的参与度不足。卡方检验发现,师范专业和非师范专业教师期望差异显著($\chi^2 = 4.368$, $P = 0.037 < 0.05$),师范专业教师意愿明显高于非师范专业的教师(表 4.21)。这说明,师范专业教师对校本教研意义和价值更到位,非师范专业教师校本教研意识和能力还需要强化。

表 4.21　深化学科组校本教研与所学专业交叉分析表

			所学专业		合　计
			师范专业	非师范专业	
深化学科组校本教研	未选中	计数	2 844	877	3 721
		百分比	59.1%	62.2%	59.8%
	选中	计数	1 965	532	2 497
		百分比	40.9%	37.8%	40.2%
合　计		计数	4 809	1 409	6 218
		百分比	100.0%	100.0%	100.0%

在减少跨年级及学科安排方面,39.0%的教师有此愿望。卡方检验发现,乡镇中学、教学点教师与村中心校、乡镇小学教师期望差异极其显著($\chi^2 = 54.028$, $P =$

0.000<0.01），乡镇中学和教学点教师明显高于村中心校、乡镇小学教师（表4.22）。访谈发现，乡镇中学和教学点因学生流失而形成小班额，致使教师编制减幅较大但班额减幅不多，导致教师跨年级及学科人数增多，这加大了教师的日常工作量，影响了学习进修时间。

表4.22　减少跨年级及学科安排与所在学校交叉分析表

			所在学校				合　计
			教学点	村中心校	乡镇小学	乡镇中学	
减少跨年级及学科安排	未选中	计数	318	829	1 897	746	3 790
		百分比	58.3%	61.3%	64.9%	53.4%	61.0%
	选中	计数	227	523	1 027	651	2 428
		百分比	41.7%	38.7%	35.1%	46.6%	39.0%
合　计		计数	545	1 352	2 924	1 397	6 218
		百分比	100.0%	100.0%	100.0%	100.0%	100.0%

在培养学科种子教师方面，39.0%的教师有此愿望。卡方检验发现，不同类型学校教师期望差异极其显著（$\chi^2=44.375, P=0.000<0.01$），乡镇小学、村中心校教师明显高于乡镇中学和教学点教师（表4.23）。本次调查结果显示，乡镇中学骨干教师比例最高（6.6%），其次是乡镇小学（3.8%）、村中心校（3.1%），最低的是教学点（2.8%）。访谈发现，教学点教师专业发展追求不高，故对培养学科种子教师的期望不高。相对其他乡村学校，乡镇中学教师专业能力总体较好，但部分校长担心培养的学科种子教师会流向县城，因此，他们对此重视不够。这也是乡镇中学教

表4.23　培养学科种子教师与所在学校交叉分析表

			所在学校				合　计
			教学点	村中心校	乡镇小学	乡镇中学	
培养学科种子教师	未选中	计数	349	772	1 720	950	3 791
		百分比	64.0%	57.1%	58.8%	68.0%	61.0%
	选中	计数	196	580	1 204	447	2 427
		百分比	36.0%	42.9%	41.2%	32.0%	39.0%
合　计		计数	545	1 352	2 924	1 397	6 218
		百分比	100.0%	100.0%	100.0%	100.0%	100.0%

师对培养学科种子教师期望低的主要原因。

在加强师德师风建设方面,33.8%的教师有此愿望。卡方检验发现,不同教龄教师的期望差异极其显著($\chi^2=160.155,P=0.000<0.01$),基本上呈倒 U 字形(表4.24)。访谈发现,部分 1~10 年教龄的教师已经没有新入职的新鲜感,也没有评中高级职称的机会和动力,因此,认为工作上只要不违规违纪就行,对师德师风要求不高;11 年及以上教龄的教师基本上不会转行且对教师职业道德有较深入的理解,对师德师风认同更高。学校可充分发挥好中老年教师的师德师风认同优势,引导青年教师加强师德师风建设。

表 4.24　加强师德师风建设与乡村学校任教年限交叉分析表

			乡村学校任教年限						合　计
			<1 年	1~3 年	4~10 年	11~20 年	21~30 年	>31 年	
加强师德师风建设	未选中	计数	286	699	961	1 025	800	343	4 114
		百分比	65.7%	73.3%	74.0%	67.5%	60.3%	49.9%	66.2%
	选中	计数	149	254	337	494	526	344	2 104
		百分比	34.3%	26.7%	26.0%	32.5%	39.7%	50.1%	33.8%
合　计		计数	435	953	1 298	1 519	1 326	687	6 218
		百分比	100.0%	100.0%	100.0%	100.0%	100.0%	100.0%	100.0%

4.3.2　对学校保障支持方面的需求

乡村教师对学校保障支持的需求(图 4.5)按百分比从高到低依次是改善在校期间吃住等生活条件(49.8%)、和谐人际关系(42.7%)、丰富文体活动和增强对学校的归属感(均为 41.1%)、加强学科教学资源建设(40.9%)、建立多样化的专业发展平台(36.7%)、加强学校与乡村的联系(22.5%)。

在改善在校期间吃住等生活条件方面,49.8%的教师有此愿望。卡方检验发现,不同工作地的教师间差异极其明显($\chi^2=67.863,P=0.000<0.01$),与县城的车程时间越长的教师,其希望值越高(表 4.25)。访谈发现,与县城的车程时间在 1 小时以上的教师基本上工作日都住在学校及附近,他们更希望学校改善生活条件。改善乡村教师在校期间吃住等生活条件有利于教师队伍的稳定和提高工作效率。

因此,也应尽力改善偏远地区乡村教师在校期间吃住等生活条件,为乡村教师的工作生活和专业成长创造较好的环境。

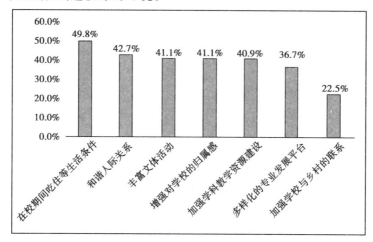

图 4.5　乡村教师对学校保障支持的需求示意图

表 4.25　改善生活条件与工作地与县城的车程交叉分析表

			工作地与县城的车程					合　计
			0.5 h 内	0.5~1 h	1~2 h	2~3 h	3 h 以上	
改善在校吃住等生活条件	未选中	计数	269	1 114	1 252	347	138	3 120
		百分比	63.7%	52.0%	50.0%	43.9%	38.0%	50.2%
	选中	计数	153	1 027	1 250	443	225	3 098
		百分比	36.3%	48.0%	50.0%	56.1%	62.0%	49.8%
合　计		计数	422	2 141	2 502	790	363	6 218
		百分比	100.0%	100.0%	100.0%	100.0%	100.0%	100.0%

　　在和谐人际关系方面,42.7%的教师有此愿望。卡方检验发现,乡村学校任教10 年以上教师的期望值极其明显($\chi^2 = 118.821, P = 0.000 < 0.01$),高于任教 10 年以内教师(表 4.26)。访谈发现,乡村学校任教 10 年以上教师社会经历更丰富,更认可和谐人际关系对个人生活和专业成长的重要性。乡村学校需要积极开展教研活动、工会活动、文体活动等相关活动,增进乡村教师间的交流理解,营造良好的教师专业成长环境。

表 4.26　和谐人际关系与乡村学校任教年限交叉分析表

			\multicolumn{6}{c}{乡村学校任教年限}	合　计
			1 年以内	1～3 年	4～10 年	11～20 年	21～30 年	31 年及以上	
和谐人际关系	未选中	计数	277	617	820	871	678	301	3 564
		百分比	63.7%	64.7%	63.2%	57.3%	51.1%	43.8%	57.3%
	选中	计数	158	336	478	648	648	386	2 654
		百分比	36.3%	35.3%	36.8%	42.7%	48.9%	56.2%	42.7%
合　计		计数	435	953	1 298	1 519	1 326	687	6 218
		百分比	100.0%	100.0%	100.0%	100.0%	100.0%	100.0%	100.0%

在丰富文体活动方面,41.1% 的教师有此愿望。卡方检验发现,不同年龄教师期望差异明显($\chi^2 = 12.310, P = 0.015 < 0.05$),40 岁以上教师对丰富文体活动的期望高于 40 岁及以下教师(表 4.27)。访谈发现,40 岁以上教师对学校认可度相对较高,家庭琐事相对较少,希望通过文体活动丰富业余生活。学校可适当组织工会活动,增进学校同事的理解团结,活跃学校气氛,增强学校凝聚力。

表 4.27　丰富文体活动与年龄交叉分析表

			\multicolumn{5}{c}{年龄/岁}	合　计
			<25	25～30	31～40	41～50	≥51	
丰富文体活动	未选中	计数	431	839	1 048	891	454	3 663
		百分比	60.3%	60.8%	60.1%	57.9%	54.0%	58.9%
	选中	计数	284	542	696	647	386	2 555
		百分比	39.7%	39.2%	39.9%	42.1%	46.0%	41.1%
合　计		计数	715	1 381	1 744	1 538	840	6 218
		百分比	100.0%	100.0%	100.0%	100.0%	100.0%	100.0%

在增强对学校的归属感方面,41.1% 的教师有此愿望。卡方检验发现,家庭所在地不同的教师间差异非常明显($\chi^2 = 20.897, P = 0.000 < 0.01$),家庭所在地在区县外的教师明显高于家庭所在地在本区县的教师(表 4.28)。访谈发现,家庭所在地在学校所在区县外的教师的社会关系相对单一,他们更希望把学校当作心灵港湾。学校领导可多与家庭所在地在学校所在区县外教师沟通交流,引导他们融入集体、融入学校,增强他们的学校归属感和岗位稳定性。

表4.28　增强对学校的归属感与家庭所在地交叉分析表

			家庭所在地					合　计
			本村	本乡镇	本区县	本市	外省市	
增强对学校的归属感	未选中	计数	190	1 027	1 838	515	90	3 660
		百分比	63.8%	60.7%	59.4%	54.0%	50.0%	58.9%
	选中	计数	108	665	1 256	439	90	2 558
		百分比	36.2%	39.3%	40.6%	46.0%	50.0%	41.1%
合　计		计数	298	1 692	3 094	954	180	6 218
		百分比	100.0%	100.0%	100.0%	100.0%	100.0%	100.0%

在加强学科资源建设、多样化的专业发展平台、加强学校与乡村联系这三个方面,卡方检验发现各类型教师间均无差异。

4.4　对教师研究机构的支持服务需求

乡村教育、乡村学校、乡村教师发展有其一定的特殊性,而教师研究机构是乡村教育、乡村学校、乡村教师专业发展的研究者、政策建言者和发展路径引导者,是乡村教育、乡村学校、乡村教师专业发展的重要推动者和重要参与者。乡村教师对教师研究机构的需求主要体现在专业指导等专业发展机会方面。

乡村教师对教师研究机构需求(图4.6)按百分比从高到低依次是研究指导乡村教师专业发展(75.7%)、研究指导乡村课堂教学(73.2%)、研究乡村学校教育管理(58.3%)、深入乡村学校调研提供发展建议(56.5%)、研究指导乡村学校发展(54.1%)。

在研究指导乡村教师专业发展方面,75.7%的教师有此愿望。卡方检验发现,不同类型学校间差异明显($\chi^2 = 10.877$, $P = 0.012 < 0.05$),教学点和村中心校教师的期望明显高于乡镇小学教师和乡镇中学(表4.29)。访谈发现,多数教学点和村中心校教师自身的专业发展仍处于自发状况,对专业发展的目标、路径等基本内容不明。教育研究机构应与区县教研机构、乡村学校密切配合,研究乡村教师专业发展的个性特点和实践路径,总结乡村教师专业发展典型案例,充实完善乡村教师专业发展理论,引领乡村教师专业发展。

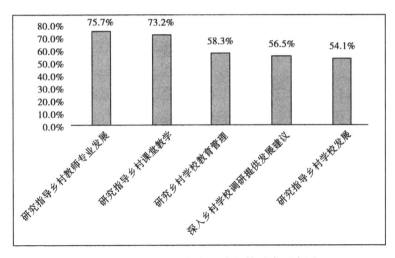

图 4.6　乡村教师对教师研究机构需求示意图

表 4.29　多研究指导乡村教师专业发展与所在学校交叉分析表

			所在学校				合　计
			教学点	村中心校	乡镇小学	乡镇中学	
多研究指导乡村教师专业发展	未选中	计数	120	295	720	374	1 509
		百分比	22.0%	21.8%	24.6%	26.8%	24.3%
	选中	计数	425	1 057	2 204	1 023	4 709
		百分比	78.0%	78.2%	75.4%	73.2%	75.7%
合　计		计数	545	1 352	2 924	1 397	6 218
		百分比	100.0%	100.0%	100.0%	100.0%	100.0%

　　在研究指导乡村课堂教学方面,73.2%的教师有此愿望。卡方检验发现,学生数少于 500 人的学校教师的期望明显高于($\chi^2 = 24.743, P = 0.000 < 0.01$)学生数多于 500 人的学校教师,其期望值基本上随学生人数的增加而降低(表 4.30)。访谈发现,学生数少于 500 人的学校基本上是本地薄弱学校,课堂教学质量不高是其共同特点。较小规模学校对研究指导乡村课堂教学期望值较高,这也反映出较小规模学校教师课堂教学能力亟须加强。

表4.30 多研究指导乡村课堂教学与所在学校学生人数交叉分析表

			所在学校学生人数/人						合　计
			≤100	101～500	501～1 000	1 001～2 500	2 501～4 000	≥4 001	
多研究指导乡村课堂教学	未选中	计数	180	570	470	381	62	3	1 666
		百分比	22.3%	25.1%	27.8%	30.1%	34.8%	33.3%	26.8%
	选中	计数	628	1 698	1 221	883	116	6	4 552
		百分比	77.7%	74.9%	72.2%	69.9%	65.2%	66.7%	73.2%
合　计		计数	808	2 268	1 691	1 264	178	9	6 218
		百分比	100.0%	100.0%	100.0%	100.0%	100.0%	100.0%	100.0%

在研究乡村学校教育管理方面,58.3%的教师有此愿望。卡方检验发现,不同职务的教师的期望差异非常明显($\chi^2 = 43.839$, $P = 0.000 < 0.01$),校级干部、学校中层的期望明显高于学校骨干教师和普通教师,其期望值基本上随职务的降低而降低(表4.31)。这说明乡村学校教育管理亟须加强,也说明乡村教师的学校教育管理参与意识不够,乡村学校还需要融入教师的管理智慧。

表4.31 多研究乡村学校教育管理与职务交叉分析表

			职　务				合　计
			校级干部	学校中层	骨干教师	普通教师	
多研究乡村学校教育管理	未选中	计数	136	291	120	2 045	2 592
		百分比	29.5%	36.8%	46.0%	43.5%	41.7%
	选中	计数	325	499	141	2 661	3 626
		百分比	70.5%	63.2%	54.0%	56.5%	58.3%
合　计		计数	461	790	261	4 706	6 218
		百分比	100.0%	100.0%	100.0%	100.0%	100.0%

在深入乡村学校调研提供发展建议方面,56.5%的教师有此愿望。卡方检验发现,不同类型学校差异明显($\chi^2 = 14.989$, $P = 0.01 < 0.05$),教学点和村中心校教师的期望明显高于乡镇中小学教师(表4.32)。因重庆市渝西地区、渝东南地区、渝东北地区间差异较大,教学点和村中心校发展面临的问题差异性较大且教学点和村中心校数量较多。因此,教学点和村中心校教师对深入乡村学校调研提供发

展建议期望更高。这说明需要更多地调查了解教学点和村中心校发展困境,并在政策上给予教学点和村中心校一定的灵活度。

在研究指导乡村学校发展方面,卡方检验发展各类型教师间无差异。

表 4.32　深入乡村学校调研提供发展建议与所在学校交叉分析表

			所在学校				合　计
			教学点	村中心校	乡镇小学	乡镇中学	
深入乡村学校调研提供发展建议	未选中	计数	211	550	1 340	602	2 703
		百分比	38.7%	40.7%	45.8%	43.1%	43.5%
	选中	计数	334	802	1 584	795	3 515
		百分比	61.3%	59.3%	54.2%	56.9%	56.5%
合　计		计数	545	1 352	2 924	1 397	6 218
		百分比	100.0%	100.0%	100.0%	100.0%	100.0%

4.5　对社会相关主体支持服务需求

乡村学校和乡村教师是乡村和社会的有机组成部分,乡村学校和乡村教师的发展离不开社会相关主体的支持服务。乡村教师对社会相关主体需求主要体现在专业发展的氛围和环境等专业认同方面。

乡村教师对社会相关主体的支持服务需求(图 4.7)按百分比从高到低依次是认可教师的专业能力(78.4%)、家长多与教师联系(71.1%)、增强教师对乡村的归属感(63.1%)、肯定学校的进步(62.3%)、引导舆论支持教师(56.7%)。

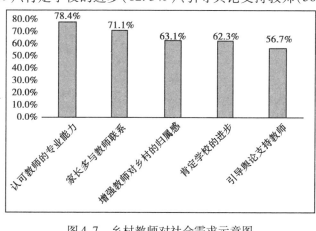

图 4.7　乡村教师对社会需求示意图

在认可教师的专业能力方面,78.4%的教师有此愿望。卡方检验发现,不同年龄段教师间差异明显($\chi^2=33.497$,$P=0.000<0.01$),40岁以下教师的期望明显高于40岁以上教师(表4.33)。40岁以下教师多处于专业发展的起步期和成长期,他们更需要社会认同以增强发展动力。学校和区县教研部门应为他们搭建更多的展示平台,并加大宣传优秀中青年教师的力度。

表4.33　认可教师的专业能力与年龄交叉分析表

			年龄/岁					合　计
			<25	25~30	31~40	41~50	≥51	
认可教师的专业能力	未选中	计数	145	253	347	371	228	1 344
		百分比	20.3%	18.3%	19.9%	24.1%	27.1%	21.6%
	选中	计数	570	1 128	1 397	1 167	612	4 874
		百分比	79.7%	81.7%	80.1%	75.9%	72.9%	78.4%
合　计		计数	715	1 381	1 744	1 538	840	6 218
		百分比	100.0%	100.0%	100.0%	100.0%	100.0%	100.0%

在家长多与教师联系方面,71.1%的教师有此愿望。卡方检验发现,学校规模不同,教师间差异明显($\chi^2=34.934$,$P=0.000<0.01$),学校学生数在500人以下的较小规模学校教师的期望明显高于学校学生数在500人以上的较大规模学校教师(表4.34)。访谈发现,较小规模学校学生家长在外打工比例较高,他们与班主任和学科教师联系少,基本上不会配合教师教育孩子。这加重了教师的工作负担和压力,对学生发展也不利,需加强家校合作。

表4.34　家长多与教师联系与学校学生人数交叉分析表

			所在学校学生人数/人						合　计
			≤100	101~500	501~1 000	1 001~2 500	2 501~4 000	≥4 001	
家长多与教师联系	未选中	计数	222	576	521	408	68	5	1 800
		百分比	27.5%	25.4%	30.8%	32.3%	38.2%	55.6%	28.9%
	选中	计数	586	1 692	1 170	856	110	4	4 418
		百分比	72.5%	74.6%	69.2%	67.7%	61.8%	44.4%	71.1%
合　计		计数	808	2 268	1 691	1 264	178	9	6 218
		百分比	100.0%	100.0%	100.0%	100.0%	100.0%	100.0%	100.0%

在增强教师对乡村的归属感方面,63.1%的教师有此愿望。卡方检验发现,不同年龄段的教师间差异明显($\chi^2 = 19.744, P = 0.01 < 0.05$),30 岁以上教师的期望明显高于 30 岁以下教师(表 4.35)。这说明,年轻教师的乡村学校认同不强,需要加强年轻教师与村社联系,增强其乡村归属感。

表 4.35　增强教师对乡村的归属感与年龄交叉分析表

			年龄/岁					合　计
			<25	25~30	31~40	41~50	≥51	
增强教师对乡村的归属感	未选中	计数	306	533	629	518	311	2 297
		百分比	42.8%	38.6%	36.1%	33.7%	37.0%	36.9%
	选中	计数	409	848	1 115	1 020	529	3 921
		百分比	57.2%	61.4%	63.9%	66.3%	63.0%	63.1%
合　计		计数	715	1 381	1 744	1 538	840	6 218
		百分比	100.0%	100.0%	100.0%	100.0%	100.0%	100.0%

在肯定学校的进步方面,62.3%的教师有此愿望。卡方检验发现,不同规模学校教师间差异明显($\chi^2 = 13.974, P = 0.016 < 0.05$),学校学生人数在 1 000 人以下的较小规模学校教师的期望明显高于学校学生人数在 1 000 人以上的较大规模学校教师(表 4.36)。规模较小的学校更希望得到社会的支持和认同。

表 4.36　肯定学校的进步与所在学校学生人数交叉分析表

			所在学校学生人数/人						合　计
			≤100	101~500	501~1 000	1 001~2 500	2 501~4 000	≥4 001	
肯定学校的进步	未选中	计数	290	845	629	494	82	7	2 347
		百分比	35.9%	37.3%	37.2%	39.1%	46.1%	77.8%	37.7%
	选中	计数	518	1 423	1 062	770	96	2	3 871
		百分比	64.1%	62.7%	62.8%	60.9%	53.9%	22.2%	62.3%
合　计		计数	808	2 268	1 691	1 264	178	9	6 218
		百分比	100.0%	100.0%	100.0%	100.0%	100.0%	100.0%	100.0%

在引导舆论支持教师方面,卡方检验发现,各类型教师间无差异。

4.6　本章总结

区县教育行政部门、教师培训部门、乡村学校、教师研究机构、社会相关主体等是乡村教师专业发展的支持主体。乡村教师专业发展需求内容主要集中在四个方面：一是专业条件保障，它是保障乡村教师专业发展的客观条件，主要有增加编制以减轻工作负担、减轻学校的安全压力、减少跨年级及学科安排、减少与教学无关的检查和杂务、家长多与教师联系、增加乡村教师岗位津贴、加强教学常规管理、配置更适合乡村教师的图书和优质数字教育资源、改善生活条件等。二是专业水平认可，它是对乡村教师专业素质的综合认可，包括以职称晋级为代表的专业认同，以考核评价为代表的行政认同，以家长村民认可教师的专业能力、肯定学校的进步等为代表的社会认同。三是专业发展机会，它是乡村教师专业发展的助推力，主要包括深化学科组校本教研、增强培训内容的实用性、培养学科种子教师、加强培训的后续支持、研究指导乡村课堂教学、研究指导乡村教师专业发展等成长平台。四是专业情感归属，它是教师对学校及其所在地的情感认可，包括重视关心乡村学校和教师、宣传表彰优秀乡村教师学校、吸纳教师合理建议、和谐人际关系、丰富文体活动、加强师德师风建设、增强对学校的归属感等乡村学校情感归属。

本研究发现，相对于城市教师，乡村教师面临不同的教育对象、工作环境、社会环境，他们的专业发展需要整体性的支持服务。乡村教师所在学校相对偏僻，信息相对闭塞，处于教育行政管理层次的最底层，他们对适用的图书、优质数字教育资源等专业条件保障需求更强烈。乡村教师专业影响力小，社会认同度较低，他们对专业认同、行政认同、社会认同等专业水平认同需求更强烈。乡村教师专业成长空间有限，专业发展通道不够通畅，他们对外出培训进修和专业发展平台等专业发展机会需求更强烈。乡村教师要扎根乡村，培育乡村儿童，他们对乡村和乡村学校的专业情感归属需求更强烈。这四个方面内容突显了乡村教师专业发展支持服务需求的整体特质。在当前以区县为主体的教育行政管理体制下，教育行政管理部门是本地教育政策的制定者、执行者及教育资源的分配者，也是乡村教师、乡村学校、乡村教育的主要行政管理者，他们应是满足乡村教师专业发展支持服务需求整体特质的根本保障者和政策设计者。但实地调研、深度访谈和分析乡村教师支持计划文本发现，区县教育行政管理部门很少关注本地乡村教师专业发展支持服务需求的整体特质。他们基本上按上级文件的要求，从培训、职称评聘、现代教育技术水平提升、颁发乡村教师荣誉证书等显性需求方面给予了基本的支持服务，基本上忽略了专业情感归属等隐性需求。大多数区县教育行政管理部门的支持服务政策没有覆盖教师的全面需求,其内容零碎、泛化,没有形成有机整体,无法形成助推乡村教师专业发展的整体合力。事实上,乡村教师专业发展支持服务需求是一个有机整体,它既有显性的物质需求,又有隐性的精神需求。这需要区县教育行政管理部门整体把握、综合施策、全面推进,这样才能持续地推进乡村教师专业发展。

本研究发现,不同年龄、职称、教龄、专业发展水平、家庭所在地和不同规模、类型学校等特性的教师,对专业条件保障、专业发展机会、专业水平认可、专业情感归属等方面有不同的需求,个体支持服务需求的个性特征较为明显。这就需要厘清他们的个性化需要。乡村学校是区县教师专业发展支持服务政策的具体实施者,是乡村教师直接管理者,是乡村教师专业发展支持服务的直接责任人,乡村学校应肩负起整合校内外各种支持服务主体的支持力量和资源以精准推进本校教师专业发展的重任。但实地调研和深度访谈发现,多数乡村学校因支持服务教师专业发展的能力弱、对乡村教师专业发展特质认识不清、对本校教师专业发展所需的支持服务不明等因素制约,无法统筹整合区县教育行政部门、业务部门、社会相关主体等外部支持服务主体和教研组(学科组、备课组)、骨干教师等内部支持服务主体的力量,无法满足本校教师专业发展支持服务的个性化需要。乡村学校支持服务本校教师专业发展的措施针对性差、实用性弱。这导致大多数乡村教师专业发展仍处于自发状态,基本上没有得到学校的有力支持服务。事实上,乡村教师专业发展个体支持服务需求有其阶段性、多元化、个性化等特征,它需要厘清"支持什么、怎么支持、什么时间支持",要把准支持重点、难点、关键点和时间节点,精准施策,精准发力。这样才能真正尊重乡村教师专业发展支持服务需求的个性特质,精准助推乡村教师专业发展,助力乡村教师精彩的专业生活。

第5章 重庆市乡村教师专业发展支持服务模式

本章基于文献研究、深度访谈和实地调查掌握的材料,总结近年来教育行政部门、业务部门、乡村学校和社会各界支持乡村教师专业发展的主要模式。

5.1 教育行政部门的专业发展支持服务模式

5.1.1 乡村教师支持计划模式

2015 年 9 月,为贯彻落实《国务院办公厅关于印发乡村教师支持计划(2015—2020 年)的通知》和《重庆市人民政府关于加强农村教师队伍建设的意见》,重庆市人民政府办公厅印发了《关于贯彻落实乡村教师支持计划(2015—2020 年)的通知》,明确了工作目标、基本原则、主要措施和工作保障。2016 年 9 月,按照《重庆市人民政府办公厅关于贯彻落实乡村教师支持计划(2015—2020 年)的通知》要求,重庆市人民政府办公厅印发《关于开展乡村教师支持计划实施情况专项督导的通知》,要求市政府教育督导室根据《重庆市乡村教师支持计划实施情况专项督导指标体系》,向有关区县(自治县)人民政府、市政府有关部门和有关单位开展乡村教师支持计划实施情况专项督导,加快落实重庆市乡村教师支持计划,深入持续提高乡村教师专业发展水平。全市各区县根据《重庆市乡村教师支持计划》《关于开展乡村教师支持计划实施情况专项督导的通知》要求,结合自身实际,扎实推进本区县乡村教师支持计划,大力支持服务乡村教师专业发展。

一是优化乡村教师配置机制,夯实乡村教师专业条件保障基础。各区县通过结合班师比、生师比以及区域实际进行测算,核定全区中小学教职工编制,并向乡村学校倾斜。永川区加强城乡师资均衡配置,统一城乡教职工编制标准,重新核定了中小学教师编制,总编制由区编办核算给区教委。区教委按照班师比和生师比相结合的方式合理核定边远农村学校(含村小、教学点)教师编制。学生数9人及以下的教学班配备1名教师,10人及以上且少于或等于19人的配备2名教师,等于或大于20人的配备2.5名教师。适当向乡村学校(特别是小规模乡村学校)倾斜。这为乡村教师的培训进修、住院治疗等提供了机制保障。

二是加强乡村教师编制管理,提高专业条件保障水平。各区县通过考核招聘、公开招聘、区外调入和免费师范生安置等乡村教师补充长效机制,保证乡村学校师资力量。永川区健全乡村教师补充长效机制,通过考核招聘、公开招聘等多种方式,每年补充一定数量的乡村教师。2016年,全区新录用教师271名,共安排188名到乡村学校任教,占新进教师65.3%,公招的177名教师全部安排到乡村学校。实施"特色学科教师配备计划",2016年为乡村学校招录"特岗"教师共124名,报到比例达到100%。为每所完全小学配备音体美专职教师,配备或培养一名心理健康辅导教师;寄宿制学校通过安排专职、任课教师兼任或外聘方式按标准配备了生活指导教师。这为乡村教师的培训研讨提供了人力资源保障。

三是提高乡村教师生活待遇。各区县通过工资待遇保障、岗位生活补助、教师定期体检制度、乡村教师重大疾病救助基金等,提高乡村教师经济待遇和社会地位,提升乡村教师的职业认同度,增强其专业情感归属。梁平区按公务员津补贴标准,核定乡村教师绩效工资;根据公务员津补贴标准同步统筹调整学校(含乡村学校)绩效工资水平。全额保障了乡村教师住房公积金和各项社会保险费。梁平区按照边远距离、教师工作和生活条件艰苦程度等因素,将全区乡镇学校划分为十类,每月分类为乡村学校在编在岗教职工补助200~900元的乡村教师岗位生活补助。建立教师定期体检制度,拨付专项体检经费,安排乡村教师到二级乙等以上医院进行健康体检。设立乡村教师重大疾病救助基金,为身患重大疾病且家庭贫困的乡村教师提供专门救助。按照边远地区乡村教师总数50%的规模加快建设教师周转宿舍,为乡村教师提供临时住房保障。这些措施极大地提高了乡村教师职业向心力,对稳定乡村教师队伍、调动乡村教师专业发展积极性意义重大。

四是完善乡村教师职称评聘政策。各区县通过新增中高级岗位向乡村教师倾斜,适当放宽高级职称条件等方式,提高乡村教师中高级职称比例,提高对乡村教师专业发展的行政认同。梁平区严格按《重庆市乡村教师支持计划》《关于开展乡村教师支持计划实施情况专项督导的通知》规定,将乡村小学按照1:5:4的比例设置专业技术岗位,乡村中学校按1.5:5:3.5的比例设置专业技术岗位,并按照5年投放的原则逐步投放新增岗位。全区59所乡村小学共设置2 749个专技岗位,其

中高级岗位 289 个,占 10.52%;中级岗位 1 390 个,占 50.56%。严格执行"乡村学校专业技术工作满 15 年或 20 年且分别具有中专以上学历的教师,可不受其他学历条件及岗位数额限制破格申报高级教师资格"的政策;在职称评聘的条件要求方面,将所有乡村学校教师纳入乡村教师支持计划职称政策倾斜范围学校名录,所属教师在申报高级及以下专业技术职务时不作论文发表和课题要求,全区所有乡村学校教师在职称评聘时对职称外语、计算机、论文发表等均不再作要求。这些措施拓宽了乡村教师的发展通道,较好地调动了乡村教师专业发展的主动性。

五是加强乡村教师培养培训。各区县根据乡村教育发展需要,规划乡村教师培养规模,定向培养乡村教师,加强在岗乡村教师培训,整体提高乡村教师队伍专业素质。铜梁区以国培为引领,实施教师专业发展规划,积极开展乡村教师业务培训,构建服务型培训体系,提升教师的业务素质。仅 2016 年就选派 2 000 余名教师参加"国培计划"各类项目的培训,其中派出 29 名优秀教师参加为期 4 ~ 6 个月的"市、区级教师培训团队置换脱产研修",培养本区的培训师队伍;实施送教下乡,对 600 余名乡村教师开展培训。实施区级培训项目 35 个,培训教师 6 000 余人次。区财政按教师工资总额的 1.5% 预算培训专项经费予以保障。这些措施大大提高了乡村教师的专业素养,有力推进了乡村教师专业发展能力的提升。

六是提高乡村教师现代教育技术水平。各区县通过现代教育硬件建设、信息技术应用提升培训等措施,提高乡村学校现代教育技术能力。2016 年,铜梁区投入资金约 8 000 万元用于教育信息化建设,升级改造了教育城域网,构建了互联网 1G 出口、与电信万兆对接、千兆骨干、百兆到校的 VPN 教育专网,全区义务教育学校宽带网络、校园局域网、校园监控网、"班班通"实现全覆盖,全区资源容量达 4.6T。建成多媒体网络教室 1 977 间,多媒体设备配齐率达 100%。在加强硬件建设的同时,积极实施乡村教师信息技术应用提升培训,提高乡村教师现代教育技术应用能力;引导和组织乡村教师创建和适应"互联网+乡村教育",充分利用远程教学、在线课程等形式优化课堂教学;加强本土教学资源建设、开发与运用,形成专题资源库,每年组织优质课评选和"微课大赛",实施乡村教师信息技术应用提升培训,提高乡村教师现代教育技术应用能力。这些措施打破了乡村教师专业发展的时空限制,为乡村教师专业发展注入了持续的动力。

七是建立以城带乡帮扶机制。各区县通过城乡校长、教师轮岗交流,发挥城镇学校优秀校长、教师示范带动作用,帮扶乡村学校校长、教师专业成长。2016 年,永川区城镇学校与乡村学校校长交流 20 名,互派挂职锻炼校长 8 名,交流比例 5.83%;城镇学校优秀教师与乡村学校交流 85 人,占乡村教师数的 5.7%。这些措施为乡村学校校长、教师专业成长创造了良好的外部条件。

八是提高乡村教师的责任感和荣誉感。各区县通过乡村教师荣誉制度、评优评先名额向农村学校倾斜等措施，营造关心支持乡村教师的浓厚氛围。铜梁区2016 年表彰 175 名优秀教师、优秀班主任等，其中农村教师 96 名，占表彰人数的55%，比农村学校教师总人数占比高 11%（农村教师占全区教师 44%）。区政府每两年评选 100 名坚守乡村学校的优秀教师，授予"优秀乡村教师"荣誉称号并给予奖励。这些措施加深了社会对乡村教师的认识理解，提高了他们职业的社会认同度，激发了乡村教师专业发展的主动性。

5.1.2　区域共同体互助共享模式

部分区县教育行政部门针对乡村学校规模小、学科教师少、教研活动实效不强等现状，将乡镇（街道）内或相邻乡镇（街道）乡村学校融合为区域教研共同体，共促学校教育教学质量提升和教师专业发展。

梁平区在各乡镇（街道）设立教育管理中心，对区域内乡村小学、教学点实行统一管理。针对教学点结构性缺编问题，各乡镇学校通过"走教"、"名师工作室"主持人献课讲学、"教师工作坊"坊主定期送课下乡等方式，实现优质资源共享交流。

荣昌区将 21 个教管中心有效整合为 11 个片区教育管理中心，对镇（街道）中心小学实行区域内小学考核评价、教学教研一体化管理机制，为区域内乡村小学提供师资支持。通过区域教研共同体，推动乡村学校和教师共同探讨自身发展中面临的教育教学和发展的诸多共性问题，让乡村教师在同伴互助中共同进步。

5.1.3　定点帮扶模式

教育行政部门针对乡村学校和乡村教师普遍较弱、缺乏领头羊的现实，充分发挥本地优质学校及骨干教师的优势，点对点地帮扶本地乡村学校及教师发展。

2010 年重庆市教委以城乡教育帮扶为思路，开始实施"农村中小学领雁工程"项目，探索城镇优质中小学助力发展农村学校和教师的新模式。第一期"领雁工程"组织了 100 所城镇优质中小学（"领雁工程"示范学校）、100 所农村义务教育阶段学校（"领雁工程"项目学校）建立发展共同体，以课堂教学改革为抓手，利用立体培训、校际引领、专家引领等途径，通过远程培训（卫星通信接转）、在线课程学习、远程答疑、现场推进会、专家入校指导、异地访学等多种方式，以点带面、整体推进，打造一支理念先进、业务过硬的农村中小学校长和教师队伍。2013 年 12 月，首

批"领雁工程"完美收官。100所项目学校在课堂教学改革、校本课程开发、养成教育、校园文化建设等领域都取得了突破性进展;75%的项目学校已成为区县领雁工程的示范学校,承担相应的示范引领责任。三年来,全市共有近700所农村中小学、200余万名学生和上万名乡村教师受益,得到乡村学校、教师、学生、家长的热烈拥护和欢迎。

2014年,重庆市教委启动了第二期"领雁工程"。第二期"领雁工程"依旧延续100所示范学校和100所项目学校结对的方式。第二期"领雁工程"有3项必选任务和1项自选任务。必选任务为教师专业发展、课堂教学改革、学生养成教育;自选任务为学校特色建设、校长专业发展、校本课程建设,由项目学校根据实际情况选择其中一项。二期"领雁工程"强调对乡村骨干教师培训培养,为农村学校培养一批教师中的领头雁,由领头雁教师带领更多教师一同提升专业素质,并以此推进学生进步和农村学校内涵、特色发展。各区县邀请教育专家深入项目学校,通过查看听问、专家上课、观课评课、座谈答疑、学术交流、专题报告等形式,把脉学校发展,提炼办学特色,引领教师成长。第二期"领雁工程"推动项目学校实现了内涵发展,辐射引领一大批农村学校提高了教育质量和办学水平,同时也有力地推进了乡村教师专业成长。

2017年,重庆市教委启动了第三期"领雁工程"。第三期"领雁工程"充分发挥重庆市教育科学研究院的教研指导与培训作用,通过项目引领,以教育创新与精准扶贫为重点,实施课程创新基地建设项目与教师能力提升项目,实现教育扶贫、结对帮扶、联动发展,确保了全市18个深度贫困乡(镇)全覆盖;通过建设100个课程创新基地和100个教研工作坊(其中教研工作坊由市级教研员、区县教研员、骨干教师和本校教师共同参与)两大项目为载体,以专项引领、结对帮扶、影子培训、跟岗研修、建设基地、创建品牌等为主要形式,引导学校立足实际、大胆创新、突出特色,深化义务教育学校课程改革,建设多元开放的学科教学环境,开发优质教学资源,探索有效教学模式,推动项目学校和参与学校共同发展,带动城乡义务教育教学质量整体提高,促进教师教学能力整体提升和学生素质全面发展。在课程创新基地建设中,2/3以上的项目学校拓展了课程视界,开发了具有学校特色的校本课程,为乡村学校教师和学生提供了丰富的教学素材,转变了乡村学校课程实施方式,对教师的课程开发能力和教学实施方式、实施理念等方面产生了积极影响。在教研工作坊建设中,教研工作坊形成以市级教研员或区县教研员为引领,以1名坊主带领N名学校骨干教师的梯级培养模式。教研工作坊着力打造双线研修模式,一条线是通过专家送教到校,聚焦教研转型,深化主题研讨,培育种子教师等方式推动教学效益增长;另一条线是项目自主研修,通过种子教师撬动和引领学校教师群体专业素养的提升,实现可持续的内生式成长。

"领雁工程"这种城乡教育帮扶模式对推动教师专业发展和综合素质,提高乡村学校管理水平和教育质量,全面提高义务教育质量,促进城乡教育均衡发展发挥了"领头雁"作用。

5.2　教育业务部门的专业发展支持服务模式

5.2.1　定制送培模式

培训是促进乡村教师专业发展的有力推手。重庆集"大城市、大农村、大库区、大山区"于一体,各区县乡村教师对培训内容、培训方式、培训时间、培训专家等方面的个性化需求较明显。乡村学校培训"个性化定制+专家送培上门"是增强乡村教师培训的针对性和实效性的有力措施。

2018年,重庆市教育科学研究院培训中心承担了市培"送教重庆市18个深度贫困乡镇小学"教师培训活动。针对城口、石柱、云阳等14个区县的18个深度贫困乡镇小学教师培训需求差异明显的现实情况,在活动之初,市教科院培训中心主动与18个深度贫困乡镇中心小学一一对接,在分析学校提交的培训需求调查问卷基础上,让受援学校提交自己的问题清单,明确每个学校的真实需求。如开州大进镇中心小学希望加强课程建设、信息技术、家校共育三个方面的培训;酉阳县浪坪乡中心小学校希望加强课堂教学方面的实培。

重庆市教育科学研究院培训中心根据受援学校的主要问题与需求,在全市遴选相应的送培名师团队;在与受援学校一一沟通交流的基础上,确定各受援学校的送培名师团队。如针对开州大进镇中心小学的需求,组建了由课程教学专家余华云、家庭教育专家何云山、重庆市二十九中信息中心主任罗化瑜三人组成的送培名师团队;针对酉阳县浪坪乡中心小学校的需求,组建了以重庆市教育科学研究院小学语文教研员郭蕾为负责人的送培名师团队。送培名师团队再次与受援学校深度交流,进一步明晰受援学校真问题、真需求,据此确定送培内容和方式,确保送培活动的针对性和实效性。如开州大进镇中心小学送培名师团队确定了开展"人工智能时代,教师修行记"主题讲座、"学本研修和学校课程建设"专题讲座和"家校共育:新时代学校教育发展的必由之路——做一个与家长一起共同教育学生的老师"主题讲座;酉阳县浪坪乡中心小学校送培名师团队确定了开展语文研讨课及点评和"以学生学习活动为中心的课堂教学研究"主题讲座。本次送培名师既有市教

科院教育教学专家和各区县学科教研员,更有全市一线小学学科教学名师;送培内容既有小课题研究、校本教研、心理调节、职业认同的指导,又有示范课的展示、课堂教学点评、学科教学专题讲座。明确送培内容、目标、方式、时间后,各校送培名师团队负责人联系市教科院培训中心和受援学校,制订送培方案和具体安排,明确安全预案,并在重庆市教育科学研究院培训中心的统筹指导下,有序实施送教活动。名师们精彩的示范展示、精湛的教学艺术和相互间的互动交流,让山区师生开阔了教育眼界,明确了专业成长的方向和目标,进一步提升了教育脱贫的能力。从1 100人次参与的送培活动满意度网络调查来看,每位送培名师的满意率均达到95％以上。

5.2.2 定点帮扶模式

石柱土家族自治县中益乡是我市18个深度贫困乡镇之一,重庆市教科院贯彻市委统一部署,制定《精准帮扶石柱县及石柱县中益乡教育工作实施方案》,坚持扶学、教研、科研同步推进,推进石柱县中益乡校长、教师、学生同步成长。

重庆市教科院安排该院10名教研员同中益乡20名教师结成帮扶对子,通过跟岗学习、影子培训、网络教研等方式开展教学指导培训;同时开展"访名校"活动,组织中益乡学校管理干部和教师到主城区优质学校跟岗一周,学习先进管理经验和教学经验。2018年,组织中益小学、官田小学、盐井小学20名教师参加"国培"中西部项目乡村教师访名校培训,持续培训3个月。2019年,安排石柱县10名校(园)长参加鲁渝教科研协作校(园)长领导力专题培训,培训一周。分期选派优秀教研员到中益乡学校蹲点,蹲点的各学科教研员一方面围绕"提高课堂教学质量"主题,手把手指导一线教育教学,提高当地教师教书育人能力;另一方面加强对教育发展的指导,协助推进中益乡基础教育规划深入实施,统筹帮扶基础教育各项工作持续进行。分批次组织"名师送教下乡",累计献课38节,举办讲座22场,座谈会2场次,内容涉及课堂教学、校本教研、大课间活动、文明礼仪、三期"领雁工程"等,不仅惠及中益乡学校教师,更辐射到全县400余名中小学教师。组织科研专家和管理者为中益乡干部教师作科研专题讲座3场,手把手指导中益乡干部教师做教育科研选题、设计以及研究,实打实地帮助中益乡干部教师立足农村学校实际,开展教育科研。重庆市教育科学研究院以扎实的专业优势和丰富的教育资源,有力地推进了石柱县中益乡教育的全面发展和教师的专业素质提升。

5.3　乡村学校自主发展模式

5.3.1　乡村学校自我发展模式

乡村学校是推动乡村教师专业发展的直接主体,一些乡村学校主动作为,采取有力措施,激发学校教师专业发展的自主性,推动学校教师走上自主发展之路。

长坝中学是重庆市武隆区的一所普通农村完全中学,学校针对青年教师比偏高、工作热情高、教育教学经验缺乏等现实,多措并举,唤醒学校教师自我专业发展意识和主动性,加强教师专业成长。一是学校通过制度管理与人文关怀相结合,将培养与赛场选马相结合,培养"智慧仁师"。学校建立了"优教优酬、多劳多得、奖勤罚懒、优胜劣汰"的管理机制,实行"个人评价奖励"与"团队评价奖励"双轨并行的评价奖励机制。在制度管人的同时,注重人文关怀,学校管理干部通过谈话沟通、活动交流、探望走访等方式,努力让每一位在这里工作的教师心情愉快。二是实行"三段五法"教师专业成长梯次管理。学校将教师成长分为三个阶段:"新教师"重在夯实基本功,建立新教师个人成长档案袋,开展"传、帮、带"师徒结对,围绕班主任管理、学科教学及教育科研工作,从备、教、练、改、考、评、辅等环节下功夫,带动提升业务技能,强化教学常规要求,打造合格课堂;"发展中教师"重在磨炼教学艺术,通过总结反思,积累经验,强化专项研究学习,打磨过关课堂,不断提升教学业务能力;"骨干教师"重在引领研究,他们任教研组长、备课组长,主持学科教研活动,结对指导新教师,承担课题研究,上示范课,形成独特的教学风格。学校为骨干教师搭建了网络平台、展示平台、交流平台、科研平台,以骨干教师作为头雁,组建学科雁阵,充分发挥他们的引领作用,引领教研组整体发展,提高教育教学质量。通过梯次化塑造,教师张扬了教学个性,发挥了潜能,实现了个体最优发展。学校的人文关怀和发展平台,增强了学校教师自我发展的内驱力,为学校教师自我成长注入持续动力,有力地推进了学校教师的专业成长。

5.3.2　乡村学校结盟共同发展模式

一些乡村学校针对大家共同面临的教师专业能力不强、教学质量不高等发展困境,决定实现资源共享、抱团发展,以课堂教学为抓手,以提升教师专业水平为主线,提高学校教育教学质量。重庆市江津第二中学、重庆市璧山来凤中学、重庆市荣昌永荣中学等9所学校结成"九校联盟",组建"九校联盟"秘书处,常态化组织教师开展高效课堂教学展示评比活动、学科教研活动、学科命题研讨会、教学教研

主题研讨会等系列活动,评选联盟学科带头人,培养盟校学科骨干,打造区域教学名师,提高学校教育教学质量,取得良好成效。

5.4 社会帮扶支持模式

5.4.1 优质学校的专项支持模式

2019 年,重庆两江新区星湖学校名师团队与巫溪县天元乡中心小学结对,为巫溪县天元乡中心小学送来精彩示范课、图书;两校党支部签订了支部"互助共建"协议,建立长期友好关系,开展"互助共建 共读共进"活动,致力共同发展,促进乡村教师专业成长。

5.4.2 名师送教帮扶模式

一些名师(工作室)充分发挥自身专业优势,通过送教等方式,携手乡村教师谋发展。

2021 年初,重庆市高中英语陈书元名师乡村工作室主持人陈书元老师携工作室成员及合川中学英语基地成员代表走进双桥中学。通过共同观看合川中学英语课程创新基地的集体备课活动录像、专题讲座、分享交流,增强了大家的合作意识、创新意识和课标理念与教材内容深度融合的意识,加深了对人—文—思相互交汇的阅读教学理念。送教活动能力转变了教师的教学观念,增强了团队协同意识,提升了英语课堂教学能力,促进了教师专业成长。

5.4.3 社会公益组织的帮扶模式

一些社会公益组织充分发挥自身优势,通过支教送教、远程资源共享等方式,助力乡村教育和教师发展。沪江"互加计划"借助互联网的优势,建立乡村教师专业发展网络共同体,对乡村教育和乡村教师发展推动作用明显。

重庆市一些乡村学校和教师积极参加"互加计划"并取得明显实效。彭水县郁山镇中心校大坝教学点组织教师参加"互加计划"和"青椒计划",通过互联网和CCTalk 软件,打破了传统培训人数、时间、空间、经费等方面的限制,实现了随时、随地听取名师大家讲座,并得到全国各地名校教师的经验分享交流,解决了工学矛盾、投入大、无法解决全员参与等难题。在"互加美丽乡村"专家的引领下,教师们通过美篇、简书记录与分享课堂教学成果,促进了教师间经验的交流分享,通过抱团取暖,达到共同发展、共同进步。以李大开老师为代表的教师团队的专业成长既是"互加计划"对乡村学校帮扶的结果,也是乡村教师专业成长的体现。

5.5　本章总结

近年来,重庆市教委和区县教育行政部门认真落实乡村教师支持计划,着力提高乡村教师专业能力,充分发挥了乡村教师队伍建设的领导、组织、统筹、协调、保障功能。市、区县教育业务部门根据自身职责,发挥专业优势,多措并举,大力提升乡村教师专业素质。乡村学校结合自己实际情况,加强管理、搭建平台,调动乡村教师专业发展的主动性,推进乡村教师专业成长。社会各界也纷纷发挥自身特长,助力乡村教师专业发展。在教育行政部门、业务部门、乡村学校、社会各界的支持下,重庆市乡村教师整体素质和教书育人能力稳步提升,这为乡村教师专业成长和乡村教育发展奠定了良好的基础。在新时代,面对乡村教育的新形势、新任务、新要求,重庆市乡村教师队伍素质能力仍有待提升,相关责任主体和社会各界仍需进一步瞄准乡村教师队伍建设和专业发展中的重点难点问题,继续推进乡村教师队伍建设,提升乡村教师素质,提高乡村教育质量和水平,推进重庆城乡教育优质均衡发展。

第6章 乡村教师专业发展支持 服务实效分析

对于乡村教师而言,其专业发展的支持服务主体主要是教育行政部门及业务部门、学校和家庭。本章通过2019年乡村教师专业发展服务现状调查问卷数据,分析区县教育行政部门及业务部门、乡村学校、家庭对专业条件保障、专业水平认可、专业发展机会、专业情感归属等方面支持服务的成效。

6.1 教育行政部门及业务部门的政策支持服务成效分析

教育行政部门及业务部门是乡村教师专业发展支持服务的主导力量,他们主要通过政策的制定和落实为教师充实专业知识、提高专业能力、坚定专业精神而提供相应的专业条件保障、专业水平认可、专业发展机会、专业情感归属等方面的支持。《重庆市人民政府办公厅关于贯彻落实乡村教师支持计划(2015—2020年)的通知》(以下简称"支持计划")是支持乡村教师及其专业发展最主要、最系统的政策文件,重庆市各区县依据"支持计划"制定了本区县的具体办法。因此,以"支持计划"为例,分析重庆市各区县教育行政部门和业务部门的政策支持服务对重庆市乡村教师专业条件保障、专业水平认可、专业发展机会、专业情感归属的成效。

6.1.1 重庆市乡村教师专业条件保障成效分析

(1)工资待遇明显提高,教师职业吸引力有所增强

"支持计划"明确规定"依法落实乡村教师工资待遇"。工资待遇是对工作付出的经济回报,是政府社会认可其工作价值的重要形式。调查显示,64.2%的教师平均月收入总额在4 000元以上,其中,0.5%的教师平均月收入总额在10 000元以上,3.5%的教师平均月收入总额在8 001~10 000元,15.9%的教师平均月收入

总额在 6 001～8 000 元,44.3% 的教师平均月收入总额在 4 001～6 000 元;只有 35.8% 的教师平均月收入总额在 4 000 元及以下,其中,25.6% 是近三年入职的新教师。总体而言,教师工资收入有了较大幅度的提高。接受访谈的多数责任督学和校长均表示,在当前财政性工资日益规范透明的背景下,教师平均月收入已不低于本地同龄公务员,高级教师还会高于本地同龄公务员;工资都按月足额发放,公积金和社会保险都按政策规定保障基本到位。这在一定程度上增强了乡村教师职业吸引力和职业认可度,坚定了其扎根乡村的专业精神。其主要表现在:一是近三年入职乡村教师的非师范类大学生明显增多。非师范类大学生最初职业规划就没有想去做教师,更不会想做乡村教师,但调查表明,近三年非师范类大学生入职乡村教师的比例高达新入职乡村教师总数的 31.3%。二是近三年留在村小及教学点的大学生增多。与责任督学和村小及教学点校长(负责人)访谈了解到,村小及教学点基本上是当地生活工作条件最差的学校,"支持计划"实施前的村小及教学点基本上留不住大学生。本次调查发现,近三年村小及教学点新入职教师占新入职乡村教师总数的 39.3%。三是乡村教师队伍的整体稳定性增强。调查显示,如有机会重新选择职业时,只有 10.7% 的教师打算改行,只有 17.2% 的教师希望到条件好的学校任教。职业吸引力和队伍稳定性增强,坚定了乡村教师的职业认同感,为乡村教师专业发展奠定了坚实的情感动力。

(2)小规模学校编制配备倾斜力度不够,教师专业发展环境欠佳

"支持计划"明确规定:"教职工编制配备要对农村边远地区倾斜。对学生规模较小的村小、教学点的教职工编制核定要兼顾师生比、班级数、课程设置等因素。"编制配备实质就是师资数量的配备,它直接关系到教师的工作量。与校长和责任督学的访谈发现,多数乡镇中小学教师数基本上接近核定编制,部分学校还有一定程度的超编,多数小规模学校(在校生不足 100 人的学校和教学点)基本上按每班不少于 1.5 名教师核定和配备教师,教师编制配备按规定基本到位并适度向小规模学校倾斜。调查发现,小规模学校教师平均每天工作 8 小时以上的比例超过其他规模学校教师的比例且差异显著(表 6.1)。

表 6.1　不同规模学校教师每天工作时间情况对比表

学校规模	在校生 100 人以内	在校生 101～500 人	在校生 501 人以上
总　　数	808	2 268	3 142
工作 8 小时以上的比例(%)	68.4	64.1	61.4
卡方值	14.833($P=0.001<0.05$)		

小规模学校教师每天真正用于教育教学的时间为工作时间70%以内的比例却高于其他规模学校教师的比例且差异极其显著(表6.2)。

表6.2 不同规模学校教师每天教育教学时间占工作时间比例情况对比表

学校规模	在校生 100人以内	在校生 101~500人	在校生 501人以上
总 数	808	2 268	3 142
教育教学时间为工作时间70%以内的比例/%	77.6	74.9	69.5
卡方值	30.972($P=0.000<0.001$)		

访谈发现,小规模学校教师跨学科、跨年级现象突出,其课时量虽与其他学校教师大致相当,但其备课、照顾管理学生的时间明显高于其他学校教师;同时,他们也要为迎接名目繁多的检查而准备记录表、计划表、会议记录等各类表格和过程资料。由于编制倾斜力度不够,小规模学校教师数量仍然不足,导致小规模学校教师人均工作量较大、工作时间更长但真正用于教育教学的时间却更少。这不仅加重了教师的工作负担,浪费了教师宝贵的学习研修时间,不利于教师们静心教学,而且有的教师还因工作量大,没有时间外出培训,不利于他们的专业成长。此外,近年哺育小孩的年轻女教师和生病住院的老教师增多,这对于"一个萝卜一个坑"的小规模学校来说更是雪上加霜。

(3)边远地区岗位生活补助力度不足,教师岗位认同度较低

"支持计划"明确要求:"全面落实乡村教师岗位生活补助政策,按照越是边远、越是艰苦,补助标准越高的原则。"岗位生活补助是对工作生活条件较差工作岗位给予的经济补偿。卡方检验发现,工作单位与县城的车程在1~2小时和2小时及以上的乡村教师不满意率远高于车程在1小时之内的乡村教师且差异极其显著(表6.3)。

表6.3 不同车程乡村教师对岗位生活补助不满意情况对比表

车 程	1小时以内	1~2小时	2小时及以上
总 数	2 563	2 502	1 153
不满意率/%	23.8	30.1	34.0
卡方值	48.689($P=0.000<0.001$)		

访谈发现,大部分中青年乡村教师("民转公"教师除外,他们基本上在学校附近安家)均在县城置房或安家,大多数车程在1小时之内的乡村教师是当天早晨到校、下午归家,能照顾家人;但大多数车程在1小时及以上的乡村教师是工作日住在学校及附近,周末才能回家,不能照顾家人。他们的岗位生活补助比1小时以内车程的乡村教师仅多200~600元。访谈发现,工作单位与县城的车程2小时左右的乡村教师岗位生活补助基本上被交通费耗尽。岗位生活补助对边远地区乡村教师无吸引力,不利于这部分乡村教师的稳定。卡方检验显示,工作单位与县城的车程在1~2小时、2小时及以上的教师想调到条件好学校的比例高于车程在1小时之内的教师且差异显著(表6.4)。

表6.4 不同车程乡村教师想调到条件好学校情况对比表

车 程	1小时以内	1~2小时	2小时及以上
总 数	2 563	2 502	1 153
不满意率/%	15.7	17.8	19.3
卡方值	8.014(P=0.018<0.05)		

边远地区岗位生活补助力度不足导致边远地区教师心理失衡,降低了对岗位的认同度,对边远地区教师的稳定和专业发展极为不利。此外,部分区县岗位补助标准单一,如渝东南某深度贫困乡中心小学海拔高度在1 200米左右,属高寒地区,距县城约2.5小时车程,但仅仅因其是乡中心小学,其岗位津贴比距县城仅1小时左右的村小还少200元。这导致此学校教师非常质疑其岗位尊严和价值,年轻教师流动意向非常强,极不利于教师和学校的发展。

(4)优质数字教学资源不足,教师现代教育技术应用能力有待提升

"支持计划"明确规定,"根据教育信息化发展需求,为乡村学校配备必要的现代教育技术设备,为乡村教师配备笔记本电脑""实施乡村教师信息技术应用提升培训,提高乡村教师现代教育技术应用能力""加强本土教学资源建设、开发与运用,形成专题资源库"。教育信息化为提升乡村教师专业能力和缩小城乡教育差距提供了难得的机遇。访谈发现,绝大多数乡村教师所在学校连通了互联网,配备了多媒体、电子白板等现代教育技术装备;各区县基本上为乡村教师配备了笔记本电脑。但现场查阅设备登记表和访谈却发现,现代教育设备的使用率不高。一是因为乡村教师运用能力不强。调查显示,36.7%的乡村教师基本上没有使用微课等优质数字教学资源(20.1%)或只能借用现成的课件(16.6%)。二是因为优质数字教学资源不足。访谈发现,多数乡村教师认为,"重庆市基础教育资源中心"平

台虽有较丰富的"一师一优课,一课一名师"类的微课程资源,但学科数字资源不完整,还没建成适合重庆本地课程的学科优质数字资源体系,无法满足乡村教师日常教学实际需求。这不利于乡村教师提高课堂教学质量和提升现代教育技术应用能力。

6.1.2 重庆市乡村教师专业水平认可成效分析

"支持计划"明确要求:"完善乡村教师职称评聘政策。提高乡村学校中、高级岗位比例,乡村学校小学按 1 :5 :4,初中按 1.5 :5 :3.5 的比例设置专业技术高级、中级、初级岗位。"职称评审是乡村教师获得教育行政部门专业水平认可的主要标志。职称晋升是教师专业发展的重要通道,是获得同行同事认可的基本标志,也是提高其收入待遇的重要方式。调查发现,除去入职不满一年的新教师外,乡镇初中教师高级职称比例为 13.9%,中级比例为 49.8%,基本接近 1.5 :5 :3.5 这一规定比例;小学高级教师占比 5.2%,中级教师占比 38.1%。因职称评审倾斜政策只实施了三年多,符合评审条件的乡村小学教师还不够,所以,小学教师的职称比例与 1 :5 :4 这一规定比例还有一些差距,但也正在向这一规定比例靠近。与区县教育行政部门人事科工作人员访谈发现,中小学教师系列职称评审时,市、区县都将乡村学校单独分组,在论文和课题上不做硬性要求,重在教学实绩和师德师风,这为乡村教师职称评审创造了有利条件。乡村教师高级、中级比例较大幅度提高表明其职业发展通道已畅通,这有力地激发了乡村教师的责任感,提升了专业发展的主动性和热情。调查显示,96.0% 的教师都认真批注学生作业;多数教师遇到教学困难和困惑时都积极主动地想办法解决,88.0% 的教师向同事和专家讨教,74.4% 的教师通过网络向同行求助。可见,职称评审倾斜政策成效初显,教师责任感和主动意识明显增强。

6.1.3 重庆市乡村教师专业发展机会成效分析

"支持计划"明确规定,"实施乡村教师教学能力提升工程,把乡村教师培训纳入基本公共服务体系"。教师培训是乡村教师获得教育行政部门和业务部门专业发展机会的主渠道。有效的进修培训可以提高乡村教师的专业知识、专业技能,是教师快速提升自身专业水平的途径。乡村教师培训实质是为处于专业发展弱势地位的乡村教师提供更多的专业发展机会。调查发现,78.5% 的教师上学年参加过县级及以上培训,23.2% 的教师上学年还参加过三次及以上县级培训。访谈发现,乡村教师的培训方式主要有短期集中培训、校本培训、网络研修、送教下乡、专家指导、农村骨干教师专项培训等。教师培训的成效得到多数教师的认可,80.1%的乡村教师认为培训对解决自身教育教学问题"非常有帮助"(25.3%)和"有帮助"(54.8%)。培训改变了多数教师的教学理念和教学行为。在日常教育教学活动中,大多数乡村教师更多地关注学生的行为习惯(91.8%)、学习态度(90.6%)、学习兴趣(85.7%)、身心健康(80.1%)、思想品德(77.5%);在日常课堂教学中,多数经常使用讨论教学法(78.5%)、分组学习法(74.4%)、探究式教学法(73.9%)。但调查也显示,78.9%的乡村教师认为还需要增强培训的实用性。访谈发现,当前乡村教师培训城市化倾向强、乡村性差:培训内容基本上是城市学校流行的教育理念、教学技术、教学方法等,乡村教师教育教学典型案例和乡村学校急需的课堂小班化教学、留守儿童心理辅导等方面的内容少,现代教育技术运用和优质数字教育资源应用等方面的培训也不足;培训教师基本上是城市教育教学专家和优秀教师,乡村优秀教师微乎其微。这样的培训虽开阔了乡村教师的眼界,但却不易在乡村教师的实际教学中直接应用,教师培训的获得感不强。此外,有的培训项目时间安排过于集中,一些小规模乡村学校在短时间内要安排一半左右的任课教师离校参加培训,这在一定程度上冲击了小规模乡村学校的正常教学秩序,影响了他们参加培训的积极性。可见,乡村教师培训成效较明显,但专业发展获得感有待提高。

6.1.4　重庆市乡村教师专业情感归属成效分析

"支持计划"明确规定,"建立乡村教师荣誉制度,主流媒体要广泛宣传乡村教师无私奉献的先进典型"。乡村教师荣誉制度是教育行政部门推进乡村教师专业情感归属的主要措施。建立乡村荣誉制度是对长期坚守在乡村教育工作岗位,持续多年为乡村教育做贡献的一线农村教师崇高教育精神的赞扬,同时更是乡村教师队伍建设及教师整体素质提升的激励措施,最终能够唤醒整个国家、社会和民族的尊重。访谈发现,受访区县都建立了乡村教师荣誉制度,对符合条件的教师颁发了荣誉证书,多数区县还根据从教年限给予了相应的经济奖励。但各区县和学校基本上都没有举行相应的表彰仪式,也没有相应的专题报道和宣传;即使在教师节等重要节点宣传乡村教师时,也只是宣传少数乡村教师的奉献精神而忽略了乡村教师群体的专业素质提升和乡村学校的可喜变化。各区县基本上也没建立乡村教师荣誉制度配套支持措施,没有将乡村教师荣誉制度转化为乡村教师充实专业知识、提高专业能力、坚定专业精神的催化剂。乡村教师对其激励作用的认可度很低。调查显示,仅有1.6%的乡村教师认为,乡村教师荣誉制度最能调动自己专业发展的主动性。这表明,乡村教师荣誉制度还没有激发出乡村教师专业成长的热

情和活力,没有起到应有的助推乡村教师专业发展的作用。可见,乡村教师荣誉制度对教师专业发展的激励作用较低。

6.2 乡村学校的专业发展机会支持服务成效分析

乡村学校是乡村教师专业发展支持服务的直接力量。乡村学校主要通过对乡村教师日常教育教学活动的管理服务为教师提供专业发展机会方面的支持。

6.2.1 教师对学校重视其专业发展的认可度不高

仅有19.9%和38.5%的教师认为学校"很重视""重视"教师专业发展,不足六成(58.4%)的教师认可学校重视专业发展。访谈发现,相当一部分教师认为,学校领导虽然口口声声重视教师专业发展,但校长们的教育教学领导力不足,他们更看重的是眼前的考试成绩,更多关注的是学校的考核排名。正因如此,相当一部分乡村学校校长非常看重学校教学工作,对教师专业发展、教研工作和科研工作重视不够。访谈也发现,多数校长认为,学校较少制订教师专业发展规划,即使制订了专业发展规划,也多是仿照城区学校,与学校自身特色结合度较差,真正落实的较少。校长们对教师专业发展的引领力普遍较差。

6.2.2 教师对学校教研活动实效的认可度有待提高

26.0%和51.1%的教师认为学校教研活动对解决自己的教学问题"非常有帮助""有帮助"。访谈发现,乡村学校教学骨干少,教研活动的专业引领作用较弱;小规模学校教研活动不规范。乡村教师对学校希望改进教研活动的内容按百分比从高到低依次是活动主题与教学困惑结合(29.4%)、提高活动收获感(14.5%)、同事间坦诚研讨(13.9%)、提升活动吸引力(13.2%)、提升活动的参与面(10.2%)、加入片区学科教研共同体(9.5%)、提高活动规范性(9.3%)。这说明乡村学校还需完善教研活动的管理,提高活动的实效和认可度。

此外,调查显示,校长们与教师沟通较少;34.5%的教师承认,近一年学校校级领导没有与自己交流谈心。这不利于教师提高对学校的归属感和教师队伍的稳定性。

6.3 家庭的专业情感归属支持服务成效分析

家庭作为乡村教师的情感归属,主要对乡村教师工作和生活提供情感支持,他们是乡村教师专业情感归属支持服务的重要推动力。

46.5%和 42.5%的乡村教师认为家人对自己工作"很支持""支持",只有 0.7%和 0.2%的乡村教师认为家人对自己工作"不支持""很不支持",另有 10.1%的乡村教师认为家人对自己工作支持状况"一般"。可见,大多数乡村教师认可并得到家庭的支持,这为乡村教师专业发展提供了持续的情感动力和较坚实的家庭后盾。

6.4　本章总结

加强乡村教师队伍建设,提高乡村教师专业发展水平,是发展乡村教育、让每一个乡村学生都能接受有质量教育的必然选择。各级政府是乡村教师队伍建设的责任主体,它们对乡村教师专业发展的重视、领导、支持、关注是乡村教师队伍建设的有力保障和动力源泉。以乡村教师支持计划的实施为代表的教育行政部门和业务部门的政策支持服务,增强了乡村教师的职业吸引力和责任感,拓展了乡村教师专业发展通道,改善了乡村教师专业发展条件和环境。这说明,各区县政府加强乡村教师队伍建设的措施(特别是乡村教师支持计划)是切实可行、成效显著的。

同时,调查发现,当前乡村教师队伍建设仍存在小规模学校编制配备倾斜力度不够、边远地区岗位生活补助标准不尽合理、培训实用性不强、优质数字教学资源保障不到位、荣誉制度的激励作用较低等问题;乡村教师对学校重视其专业发展的认可度不高,对学校教研活动实效的认可度也有待提高。这表明,加强乡村教师队伍建设仍存在一些亟待改进的问题,让乡村教师"留得住""教得好"仍任重道远。这需要各级政府长期高度重视乡村教师支持计划和乡村教师队伍建设,需要各级政府有长远规划和准备,将其作为长期性、常态化的教育战略任务,持续有序地推进,在下一阶段乡村教师队伍建设中继续巩固成果,并针对当前不足,增强乡村教师专业发展支持服务政策措施的针对性和实效性。

第7章 乡村教师专业发展影响因素分析

在"下得去"的通道已经打通的情况下,采取有力措施让乡村教师愿意"留下来""自驱动"是解决"留得住""教得好"难题的关键。本章通过2015年重庆市乡村教师基本情况调查数据,分析乡村教师离职意向影响因素;通过2019年乡村教师专业发展支持服务现状调查问卷数据,从专业发展目标、专业发展主动性的调动因素、自身专业发展的障碍三个方面分析乡村教师专业发展动力影响因素。

7.1 乡村教师离职意向影响因素分析

7.1.1 基本情况

按离职者的去向不同,离职意向可分为两类:一类是想离开本单位到其他行业;另一类是想离开本单位到本行业其他单位。课题组采用2015年自制的《重庆市乡村教师基本情况调查问卷》的数据①,聚焦于乡村教师人口学因素、主客观因素、单位组织与环境因素三个维度来考察影响乡村教师离职意向的因素及强度。研究对象的构成见表7.1。

表7.1 研究对象构成情况表

变 量		数 量	百分比/%
性别	男	1 314	52.5
	女	1 191	47.5

---

① 为了数据分析精确度,本部分清除所有缺失项,得到有效问卷2 505份。

变　量		数　量	百分比/%
年龄	≤25	181	7.2
	26～39	1 208	48.2
	40～55	1 027	41.0
	≥56	89	3.6
任教地	教学点	131	5.2
	村中心校	339	13.6
	乡镇小学	978	39.0
	乡镇中学	1 057	42.2

7.1.2　调查结果与分析

1）乡村教师离职意向的总体情况

本研究将离职意向分为四个等级，即无离职意向、基本无离职意向、有离职意向、有强烈离职意向，分别赋值1、2、3、4。分值越高，离职意向越强。调查发现，离职意向均值为2.11（$SD=0.979$），41.0%和8.9%的教师无离职意向和基本无离职意向。这表明他们整体离职意向不高，也说明乡村教师支持计划的实效已初步显现并得到乡村教师的认可。同时，调查还发现，仍分别有48.1%和2.0%的教师有离职意向和强烈离职意向。这说明乡村教师队伍稳定性问题仍需高度重视，还需采取有力措施加强乡村教师队伍建设。

2）乡村教师离职意向影响因素差异比较

乡村教师不仅是"专业人"，更是"社会人"；乡村教师离职意向不仅与自身和家庭情况相关，还与单位、社会的重视支持情况密切相关。为此，本研究将离职意向的影响因素划分为三类：一是人口学因素，包括性别、教龄、职称、学历等；二是主客观因素，包括生活满意度、职业认同感、专业发展自我重视度、工作胜任度等主观因素和工作量、月均收入等客观因素；三是单位组织与环境因素，包括工作单位区域位置、组织对专业发展支持度等。同时，将这些因素作为自变量与离职意向进行差异性分析。

（1）离职意向的人口学因素差异分析

①离职意向的性别差异分析。以性别为自变量,运用独立样本 T 检验发现(表 7.2),男教师的离职意向高于女教师,但二者不存在显著差异($P = 0.48 > 0.05$)。这表明离职意向的性别差异不明显。

表 7.2　离职意向的性别差异分析表

自变量		M/SD	T	P
性别	男	2.12/0.985	0.707	0.48
	女	2.09/0.972		

②离职意向的教龄、职称、学历差异分析。以教龄、职称、学历为自变量,运用单因素方差分析发现(表 7.3):

表 7.3　离职意向的教龄、职称、学历差异分析表

自变量		M	SD	df	F	P
教龄	1～3 年	2.22	0.953	4	13.507	0.000
	4～10 年	2.20	0.976			
	11～20 年	2.13	0.975			
	21～30 年	2.11	0.973			
	31 年及以上	1.70	0.942			
职称	未定级	2.12	0.961	3	0.853	0.465
	初级	2.13	0.977			
	中级	2.07	0.984			
	高级及以上	2.19	0.973			
学历	高中及以下	1.71	0.999	3	37.703	0.000
	专科	1.88	0.966			
	本科	2.27	0.946			
	研究生	2.24	1.13			

在教龄方面,离职意向随教龄增加而递减且存在显著差异($P = 0.000 < 0.01$),进一步运用 Tamhane 法进行事后多重比较显示,教龄在 31 岁以上的教师离职意向远低于其他教龄段的教师且差异明显。可能的解释是在开放时代,年轻教师职业选择性更大,向城性更强,其离职意向最强;随着教龄增长,中年教师由于家庭等方

面的压力,开始注重工作的稳定性;老年教师已习惯当前工作、生活环境且变动工作单位的机会减少,其离职意向最弱。

在职称方面,离职意向基本上呈 U 形且不存在显著差异。数据分析发现,91.6%的高级职称教师集中在乡镇中学,77.8%的高级职称教师为骨干教师。他们具备向县城中小学流动的专业实力,正值年富力强且开始进入考调县城中小学的年龄临界点,所以,他们离职意向较强。未定级和初级职称教师因其职称低,离职后经济损失小,离职顾虑少,所以,他们离职意向也较强。而在乡村小学和教学点的中级职称教师已基本达到职称顶端(在乡村小学和教学点评高级职称的机会少、难度大),在乡镇中学的中级职称教师担心到新单位后,职称降级而影响工资待遇,他们顾虑较多,离职意向相对较弱。

在学历方面,离职意向基本上随学历提升而增高且存在显著差异($P=0.000<0.01$),进一步运用 Tamhane 法进行事后多重比较显示,本科与专科、高中及以下的教师间差异非常显著($P=0.000<0.01$)。说明高学历教师拥有更多的离职资本和机会,离职可能性较大。

(2)离职意向的自身主客观因素差异分析

①离职意向的主观因素差异分析。以职业认同感、生活满意度、工作胜任度、自主专业发展重视度为自变量,运用单因素方差分析发现(表7.4):

表 7.4　离职意向的主观因素差异分析表

自变量		*M*	*SD*	*df*	*F*	*P*
职业认同感	不认同	2.57	0.822	3	92.227	0.000
	不太认同	2.18	0.965			
	认同	2.05	0.975			
	非常认同	1.47	0.859			
生活满意度	很不满意	2.75	0.736	3	94.952	0.000
	不大满意	2.55	0.857			
	一般	2.15	0.956			
	良好	1.70	0.942			
工作胜任度	很不胜任	2.50	0.885	3	23.635	0.000
	不大胜任	2.39	0.915			
	基本胜任	2.13	0.967			
	胜任	1.91	0.991			

续表

自变量		M	SD	df	F	P
周自主专业阅读时间	几乎没有	2.57	0.881	4	11.695	0.000
	1~3 小时	2.12	0.970			
	4~6 小时	2.04	0.971			
	7~9 小时	2.07	0.988			
	≥10 小时	2.01	1.000			

在职业认同感方面,职业认同感越高,离职意向越低,二者存在显著差异($P=0.000<0.01$),进一步运用 Tamhane 法进行事后多重比较发现,职业认同感为"非常认同"的教师与其他三类教师存在显著差异($P=0.000<0.01$),职业认同感为"认同"的教师与职业认同感为"不太认同"和"不认同"的教师间均存在显著差异($P=0.000<0.01$)。可见,稳定乡村教师需大力提升其职业认同感。

在生活满意度方面,生活满意度越高,离职意向越低,二者存在显著差异($P=0.000<0.01$),进一步运用 Tamhane 法进行事后多重比较发现,生活满意度为"良好"的教师与其他三类教师存在显著差异($P=0.000<0.01$),生活满意度为"一般"的教师与生活满意度为"不大满意""很不满意"的教师间存在显著差异($P=0.000<0.01$)。可见,应积极创造条件,着力解决乡村教师生活上的后顾之忧,提高其生活满意度。

在工作胜任度方面,工作胜任度越高,离职意向越低,二者存在显著差异($P=0.000<0.01$),进一步运用 Tamhane 法进行事后多重比较发现,工作胜任度为"胜任"的教师与其他三类教师存在显著差异($P=0.000<0.01$),工作胜任度为"基本胜任"的教师与工作胜任度为"不大胜任""很不胜任"的教师间存在显著差异($P=0.000<0.01$)。可见,应采取有效措施大力提升乡村教师专业素质能力。

在自主专业发展重视度(以周自主专业阅读时间为标志)方面,离职意向基本上随着自主专业阅读时间增加而降低,二者存在显著差异($P=0.000<0.01$),进一步运用 Tamhane 法进行事后多重比较发现,不进行专业阅读的教师与其他四类教师间存在显著差异($P=0.000<0.01$)。可见,应完善工作机制,鼓励支持乡村教师自主专业发展。

②离职意向的客观因素差异分析。以周工作量、月收入为自变量,运用单因素方差分析发现(表7.5):

表 7.5 离职意向的客观因素差异分析表

自变量		M	SD	df	F	P
周工作量	≤14 节	1.99	0.969	3	13.523	0.000
	15～20 节	2.17	0.972			
	21～26 节	2.41	0.932			
	≥27 节	2.09	1.081			
月收入	≤2 500 元	2.30	0.964	3	9.676	0.000
	2 501～3 500 元	2.13	0.976			
	3 501～5 000 元	1.99	0.967			
	≥5 001 元	1.97	1.024			

在周工作量方面,离职意向基本上随周工作量增加而提高,进一步运用 Tamhane 法进行事后多重比较发现,周工作量为 14 节及以下的教师与周工作量为 15～20 节、21～26 节的教师有显著差异($P=0.000<0.01$),周工作量为 15～20 节的教师与 21～26 节的教师间显著差异($P=0.008<0.01$),周工作量为 27 节及以上的教师与其他三类教师无差异。调查显示,73.5% 的周工作量为 27 节及以上的教师在教学点工作;他们年龄大,职称较高,工作满意度较高,所以,离职意向较弱。同时,也表明教学点教师后继乏人,需高度重视。周工作量不仅反映了教师的工作负担,而且直接关系到进修培训和生病就医等专业发展和生活满意度,应充分考虑乡村教师实际情况,将其控制在合理范围内。

在月收入方面,离职意向随月收入增加而降低,二者存在显著差异($P=0.000<0.01$),进一步运用 Tamhane 法进行事后多重比较发现,月收入在 2 500 元及以下的教师与其他三类教师存在差异(P 值分别为 0.011、0.000、0.010,均小于 0.05),月收入在 2 501～3 500 元的教师与月收入在 3 501～5 000 元和大于 5 001 元的教师间有差异($P=0.018<0.05$)。可见,应当提高乡村教师收入。

(3)离职意向的组织环境因素差异分析

①离职意向的任教地差异分析。以任教地为自变量,运用单因素方差分析发现(表 7.6),任教地地理环境越好,离职意向越高,二者存在显著差异($P=0.000<0.01$),进一步运用 Tamhane 法进行事后多重比较发现,在乡镇中学任教的教师与其他三类教师存在显著差异($P=0.000<0.01$)。可能的解释是,乡镇中学是当地最高学府,教师专业发展条件较好,专业水平较高,教师流动的机会更多。

表7.6　离职意向的任教地差异分析表

自变量		M	SD	df	F	P
任教地	教学点	1.79	0.982	3	31.303	0.000
	村中心校	1.93	0.990			
	乡镇小学	1.98	0.969			
	乡镇中学	2.32	0.942			

②离职意向的组织专业发展支持度差异分析。以组织专业发展支持度(以上学年接受区县及以上培训次数为标准)为自变量,运用单因素方差分析发现(表7.7),组织对教师专业发展支持度越大,其离职意向越低且二者存在显著差异($P=0.000<0.01$),进一步运用 Tamhane 法进行事后多重比较发现,上学年接受区县及以上培训次数为 0 次的教师与上学年接受区县及以上培训次数为 2 次的教师间存在差异($P=0.018<0.05$),与上学年接受区县及以上培训次数为 3 次和 4 次及以上的教师间显著差异($P=0.000<0.01$)。可见,应重视乡村教师的培训进修,尽量保证每年每位乡村教师均有 1~2 次接受县级及以上培训工作的机会,体现学校和教育主管部门对乡村教师专业发展的重视,增强乡村教师专业发展的获得感和满意度。

表7.7　离职意向的组织专业发展支持度差异分析表

自变量		M	SD	df	F	P
上学年接受区县及以上培训次数	0	2.25	0.948	4	7.841	0.000
	1	2.13	0.964			
	2	2.07	0.996			
	3	1.93	0.991			
	≥4	1.81	1.018			

3)离职意向影响因素强度分析

离职意向受人口学因素、自身主客观因素和组织环境因素等多方面因素影响,各种因素的影响程度也不相同。为进一步厘清上述因素对离职意向影响强度,将这些因素作为自变量与离职意向进行多元线性回归分析(表7.8)。

表 7.8　离职意向影响因素的多元线性回归分析表

自变量		非标准回归系数 B	标准误差	标准回归系数 β	t	Sig.
	（常数）	0.645	0.163		3.952	0.000
性别	（参照组:男＝0）					
	女	−0.072	0.037	−0.003 7	−1.958	0.050
学校	（参照组:乡村教学点＝0）					
	村中心校	0.156	0.094	0.055	1.672	0.095
	乡镇小学	0.219	0.086	0.109	2.531	0.011
	乡镇中学	0.352	0.087	0.178	4.053	0.000
生活满意度		−0.301	0.023	−0.244	−3.122	0.000
职业认同度		−0.209	0.019	−0.204	−10.860	0.000
学历		0.163	0.034	0.098	4.790	0.000
自主专业发展重视度		−0.057	0.016	−0.066	−3.653	0.000
周工作量		0.071	0.026	0.054	2.785	0.005
组织专业发展支持度		−0.049	0.017	−0.054	−2.948	0.003
月收入		−0.055	0.024	−0.044	−2.296	0.022
教龄		−0.021	0.911	0.362	−0.018	0.625
职称		0.036	1.632	0.103	0.033	0.677
工作胜任度		−0.028	1.440	−0.150	−0.029	0.846
R 值	0.746					
R² 值	0.557					
F 值	56.228					0.000

　　表 7.8 显示影响离职意向的多元线性回归统计结果。相关系数 $R=0.746$,模型判定系数 $R^2=0.557$,回归方程判断系数 F 检验值为 56.228,其显著性 ＝0.000,表明模型的判定系数具有统计意义,用这些变量解释离职意向强度是有意义的,这些变量可以解释离职意向强度 55.7% 的变异。

从多元回归模型可见，人口学因素中的性别、教龄、职称，自身主客观因素中的工作胜任度，组织环境因素中的任教地对离职意向无显著影响；其他7个变量对离职意向产生显著性影响，其多元线性回归方程为：

离职意向强度 = 0.645－0.301（生活满意度）－0.209（职业认同感）+0.163（学历）+0.071（工作负担）－0.057（自主专业发展重视度）－0.055（月收入）－0.049（组织对乡村教师专业发展的支持度）

这七个因素的预测程度合计为55.7%。其中，对离职意向解释力度最高的是生活满意度（30.1%），其次是职业认同感（20.9%）和学历（16.3%），再次是工作负担（7.1%）、自主专业发展重视度（5.7%）、月收入（5.5%）、组织对专业发展的支持度（4.9%）。生活满意度、职业认同感、自主专业发展意识、组织支持度、月收入与离职意向呈显著负相关，工作负担、学历与离职意向呈显著正相关。可见，当前乡村教师队伍建设的重点应在提高其工作满意度和职业认同感；其次是要重点关注本科学历教师；最后，要提升其专业水平，适当减轻其工作量，提高其经济待遇。

7.1.3　调查结论

（1）乡村教师离职意向整体较低但仍需高度重视

调查显示，教师离职意向均值为2.1（2.4为临界值，得分在2.4以下为较低），处于较低水平；但仍有50.1%的教师有离职意向（其中，48.1%的教师有离职意向，2.0%的教师有强烈的离职意向）。因此，仍需高度重视乡村教师稳定问题。

（2）生活满意度是对离职意向影响最强的因素

多元线性回归分析发现，对离职意向影响最强的因素是生活满意度，解释强度达30.1%。单因素方差分析发现，教师生活满意度越高，离职意向越低，二者存在显著差异（$P=0.000<0.01$）。因此，应采取有力措施，大力提升乡村教师生活满意度。本次调查显示，乡村教师生活上最头疼的是照顾家庭（59.7%）、子女教育（57.9%），其次是住房（48.2%）、交通（46.1%）、看病（42.1%），最后是吃饭（24.8%）、卫生（17.2%）、婚恋（12.4%）、精神空虚（11.2%）。因此，要切实改善乡村教师的生活条件和经济待遇。

（3）职业认同感和学历对离职意向影响非常明显

多元线性回归分析发现，职业认同感和学历对离职意向影响强度位居第二位和第三位，解释强度分别为20.9%和16.3%；职业认同感对离职意向有显著负向影响，学历对离职意向有显著正向影响。单因素方差分析发现，职业认同感越高，离职意向越低,二者存在显著差异;离职意向与其职称基本上呈U形,本科学历乡村教师离职意向最强。从近年乡村教师补充机制和教师职称评聘规定可知,教龄低、职称低及本科学历的教师,大多数情况下都是青年教师。因此,应高度重视提升乡村教师的职业认同感,要特别关注青年乡村教师。

(4)专业发展对离职意向影响不可小觑

多元线性回归分析发现,自主专业发展重视度、组织的专业发展支持度对离职意向有显著负向影响,它们的影响强度为10.6%(自主专业发展重视度为5.7%,组织的专业发展支持度为4.9%),位居第四位。单因素方差分析发现,乡村教师工作胜任度越高,离职意向越低,二者存在显著差异。因此,应重视乡村教师自主专业发展并加大对乡村教师专业发展的支持力度,提升乡村教师工作胜任度,提高乡村教师专业发展水平。

(5)工作负担和收入对离职意向影响不容忽视

多元线性回归分析发现,工作负担对离职意向有显著正向影响,其影响强度为7.1%,位居第五位;月收入与离职意向呈显著负相关,其影响强度为5.6%,位居第六位。单因素方差分析发现,离职意向基本上随工作负担增加而提高,随月收入增加而降低,二者存在显著差异。因此,应关注乡村教师工作负担和收入。

7.2 乡村教师专业发展动力影响因素分析

7.2.1 近期的专业发展目标分析

近期的专业发展目标(图7.1)按百分比从高到低依次是争取好业绩(70.6%)、职称晋级(45.4%)、评先评优(36.7%)、成为教学骨干(34.3%)、争当师德标兵(27.3%)、到更好的学校教书(26.7%)、从事管理工作(19.5%)、不明确(8.6%)、转行(5.2%)、著书立说(3.8%)。他们较多地关注社会认可,对自身内涵重视不够,这在一定程度上说明乡村教师的专业自信不强。

在争取好业绩方面,70.6%的教师有此愿望。卡方检验发现,教学点、村中心校教师和乡镇中小学教师间差异非常明显($\chi^2 = 21.556, P = 0.000 < 0.01$),教学点和村中心校教师的期望明显高于乡镇中小学教师(表7.9)。这说明,教学点和村中心校教师尤其希望得到社会和教育行政部门的认可,对他们的考核评价要适当给予政策倾斜。

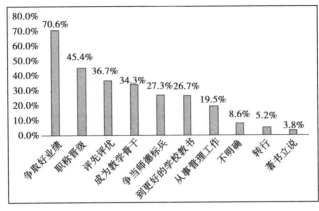

图7.1 乡村教师近期专业发展目标示意图

表7.9 争取好业绩与所在学校交叉分析表

			所在学校				合　计
			教学点	村中心校	乡镇小学	乡镇中学	
争取好业绩	未选中	计数	124	368	884	452	1 828
		百分比	22.8%	27.2%	30.2%	32.4%	29.4%
	选中	计数	421	984	2 040	945	4 390
		百分比	77.2%	72.8%	69.8%	67.6%	70.6%
合　计		计数	545	1 352	2 924	1 397	6 218
		百分比	100.0%	100.0%	100.0%	100.0%	100.0%

在职称晋级方面,45.4%的教师有此愿望。卡方检验发现,不同年龄段教师对此期望差异极其显著($\chi^2 = 305.671$, $P = 0.000 < 0.01$),其基本上随年龄增加而递增(表7.10),31岁及以上教师比30岁及以下教师更期望获得职称晋级。这与教师支持服务的职称晋级需求分析一致。

在评先评优方面,36.7%的教师有此愿望。卡方检验发现,不同职称教师对此期望差异极其显著($\chi^2 = 62.782$, $P = 0.000 < 0.01$),中级及以下教师比高级教师更期望能评先评优(表7.11)。访谈发现,其主要原因有二:一是中级及以下教师大多是年轻教师,更希望得到学校、教育行政部门和同事的认可;二是在职称晋级时,同等条件下评先评优更有优势和机会。

表7.10 职称晋级与年龄交叉分析表

			年龄/岁					合 计
			<25	25～30	31～40	41～50	≥51	
职称晋级	未选中	计数	532	918	752	753	441	3 396
		百分比	74.4%	66.5%	43.1%	49.0%	52.5%	54.6%
	选中	计数	183	463	992	785	399	2 822
		百分比	25.6%	33.5%	56.9%	51.0%	47.5%	45.4%
合 计		计数	715	1 381	1 744	1 538	840	6 218
		百分比	100.0%	100.0%	100.0%	100.0%	100.0%	100.0%

表7.11 评先评优与职称交叉分析表

			职称					合 计
			无职称	初级	中级	副高级	正高级	
评先评优	未选中	计数	480	1 614	1 513	327	3	3 937
		百分比	63.1%	59.8%	64.6%	79.2%	100.0%	63.3%
	选中	计数	281	1 086	828	86	0	2 281
		百分比	36.9%	40.2%	35.4%	20.8%	0.0%	36.7%
合 计		计数	761	2 700	2 341	413	3	6 218
		百分比	100.0%	100.0%	100.0%	100.0%	100.0%	100.0%

在成为教学骨干方面,34.3%的教师有此愿望。卡方检验发现,不同类型乡村学校差异非常明显($\chi^2 = 13.387, P = 0.004 < 0.01$),教学点和村中心校教师的期望明显高于乡镇中小学教师(表7.12)。这说明教学点和村中心校教师尤其希望得到教育行政部门和同行的专业认可;在评选教学骨干时,可对他们给予适当政策倾斜。

在争当师德标兵方面,27.3%的教师有此愿望。卡方检验发现,不同年龄段的教师间差异非常明显($\chi^2 = 39.105, P = 0.000 < 0.01$),25～40岁教师的期望明显低于40岁及以上教师和25岁以下教师,基本上随年龄增长呈U形(表7.13)。这说明还需要有针对性地加强40岁以下教师的师德师风建设。

表 7.12　成为教学骨干与所在学校交叉分析表

			所在学校				合　计
			教学点	村中心校	乡镇小学	乡镇中学	
成为教学骨干	未选中	计数	338	849	1 942	955	4 084
		百分比	62.0%	62.8%	66.4%	68.4%	65.7%
	选中	计数	207	503	982	442	2 134
		百分比	38.0%	37.2%	33.6%	31.6%	34.3%
合　计		计数	545	1 352	2 924	1 397	6 218
		百分比	100.0%	100.0%	100.0%	100.0%	100.0%

表 7.13　争当师德标兵与年龄交叉分析表

			年龄/岁					合　计
			<25	25~30	31~40	41~50	≥51	
争当师德标兵	未选中	计数	522	1 032	1 319	1 108	542	4 523
		百分比	73.0%	74.7%	75.6%	72.0%	64.5%	72.7%
	选中	计数	193	349	425	430	298	1 695
		百分比	27.0%	25.3%	24.4%	28.0%	35.5%	27.3%
合　计		计数	715	1 381	1 744	1 538	840	6 218
		百分比	100.0%	100.0%	100.0%	100.0%	100.0%	100.0%

在到更好的学校教书方面,26.7%的教师有此愿望。卡方检验发现,不同年龄段的教师间差异非常明显($\chi^2 = 471.142$, $P = 0.000 < 0.01$),30岁及以下教师的期望明显高于30岁以上教师(表7.14)。这说明要让乡村教师"留得住",先要"留住"30岁及以下教师,要在专业发展和人文关怀等方面多重视、关注年轻教师。

在希望从事管理工作方面,19.5%的教师有此愿望。卡方检验发现,不同性别教师间差异非常明显($\chi^2 = 131.539$, $P = 0.000 < 0.01$),男教师的期望明显高于女教师(表7.15)。这说明男教师从事管理工作的意愿更为强烈。这在相当程度上体现了"男主外"这一传统观念。

表 7.14　到更好学校教书与年龄交叉分析表

			年龄/岁					合　计
			<25	25~30	31~40	41~50	≥51	
到更好学校教书	未选中	计数	429	777	1 305	1 313	734	4 558
		百分比	60.0%	56.3%	74.8%	85.4%	87.4%	73.3%
	选中	计数	286	604	439	225	106	1 660
		百分比	40.0%	43.7%	25.2%	14.6%	12.6%	26.7%
合　计		计数	715	1 381	1 744	1 538	840	6 218
		百分比	100.0%	100.0%	100.0%	100.0%	100.0%	100.0%

表 7.15　从事管理工作与性别交叉分析表

			性　别		合　计
			男	女	
从事管理工作	未选中	计数	1 981	3 025	5 006
		百分比	73.9%	85.5%	80.5%
	选中	计数	700	512	1 212
		百分比	26.1%	14.5%	19.5%
合　计		计数	2 681	3 537	6 218
		百分比	100.0%	100.0%	100.0%

　　在近期的发展目标不明确方面,8.6%的教师表示认同。卡方检验发现,不同年龄段教师差距不明显($\chi^2=9.479,P=0.05$),但也有一定的差距($P \geqslant 0.05$);不同年龄段教师占比基本上呈 U 形(表 7.16),处于入职初期的 25 岁及以下教师和处于教师生涯高原期的 50 岁以上教师最"迷茫"。在学校日常工作中,要多关注初入职者和即将退休者这两类人群。

　　在希望转行方面,5.2%的教师有此愿望。卡方检验发现,不同年龄段教师差距不明显($\chi^2=29.205,P=0.000<0.01$),40 岁及以下教师的期望明显高于 41 岁及以上教师(表 7.17)。这说明青年教师的转行意愿较强烈。

表 7.16 近期的发展目标不明确与年龄交叉分析表

			年龄/岁					合　计
			<25	25～30	31～40	41～50	≥51	
不明确	未选中	计数	638	1 261	1 612	1 417	757	5 685
		百分比	89.2%	91.3%	92.4%	92.1%	90.1%	91.4%
	选中	计数	77	120	132	121	83	533
		百分比	10.8%	8.7%	7.6%	7.9%	9.9%	8.6%
合　计		计数	715	1 381	1 744	1 538	840	6 218
		百分比	100.0%	100.0%	100.0%	100.0%	100.0%	100.0%

表 7.17 转行与年龄交叉分析表

			年龄/岁					合　计
			<25	25～30	31～40	41～50	≥51	
转行	未选中	计数	671	1 292	1 633	1 478	820	5 894
		百分比	93.8%	93.6%	93.6%	96.1%	97.6%	94.8%
	选中	计数	44	89	111	60	20	324
		百分比	6.2%	6.4%	6.4%	3.9%	2.4%	5.2%
合　计		计数	715	1 381	1 744	1 538	840	6 218
		百分比	100.0%	100.0%	100.0%	100.0%	100.0%	100.0%

在希望著书立说方面,3.8%的教师有此愿望。卡方检验发现,不同类型乡村学校差异非常明显($\chi^2 = 11.970$, $P = 0.007 < 0.01$),乡镇中小学教师的期望明显高于教学点教师和村中心校教师(表7.18)。这说明部分乡镇中小学教师对教育教学有自己的理解,教育行政部门和学校可建立相应的支持措施,支持有意愿、有能力的教师著书立说,推动这部分教师提升理论素养、总结教育教学经验,进一步提升专业素质和专业影响力,培养乡村骨干教师和名师,并以此带动一批乡村教师致力于乡村教育研究,形成良好的学习研究氛围,营造良好的专业发展环境。

表 7.18　著书立说与所在学校交叉分析表

| | | | 所在学校 | | | | 合　计 |
			教学点	村中心校	乡镇小学	乡镇中学	
著书立说	未选中	计数	531	1 318	2 797	1 336	5 982
		百分比	97.4%	97.5%	95.7%	95.6%	96.2%
	选中	计数	14	34	127	61	236
		百分比	2.6%	2.5%	4.3%	4.4%	3.8%
合　计		计数	545	1 352	2 924	1 397	6 218
		百分比	100.0%	100.0%	100.0%	100.0%	100.0%

7.2.2　最能调动专业发展主动性因素分析

最能调动自己专业发展主动性的方式(图 7.2)按百分比从高到低依次是增加津贴(26.5%),职称晋级(17.6%),提升职业成就感(14.7%),培训进修(10.9%),领导、同事、家长的认可(10.0%),学生的喜爱(9.2%),取得好业绩(6.2%),专家的持续指导(3.3%),评优表彰(1.6%)。他们在注重物质利益和外部认可的同时,也在关注自身价值实现。

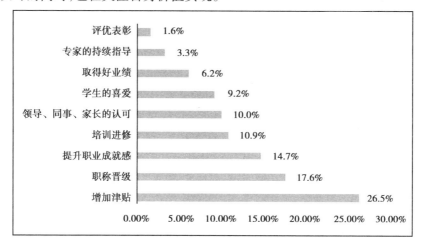

图 7.2　最能调动乡村教师专业发展主动性因素示意图

通过与学校类型交叉分析发现(表 7.19),村中心校、乡镇中小学教师更希望增加津贴,教学点和乡镇中学教师更希望职称晋级,乡镇中学教师更希望提升职业成就感,教学点、村中心校、乡镇小学教师更希望培训进修,教学点、村中心校、乡镇小学教师更希望得到领导、同事、家长的认可,教学点更希望得到学生认可,教学点、村中心校教师更希望取得好业绩,乡镇小学教师更希望得到专家持续指导,村中心校、乡镇中学教师更希望评优表彰。这说明不同类型的乡村教师的关注重点各不相同,这需要教育行政部门和学校在重视共性问题的同时,还要分类采取不同对策,以充分调动各类乡村教师的专业发展主动性和内驱力。

表 7.19　最能调动自己专业发展主动性的方式与所在学校交叉分析表

			所在学校				合　计
			教学点	村中心校	乡镇小学	乡镇中学	
您认为最能调动自己专业发展主动性的方式	增加津贴	计数	117	364	778	389	1 648
		百分比	21.5%	26.9%	26.6%	27.9%	26.5%
	职称晋级	计数	109	196	513	278	1 096
		百分比	20.0%	14.5%	17.6%	19.9%	17.6%
	培训进修	计数	77	159	337	106	679
		百分比	14.1%	11.8%	11.5%	7.6%	10.9%
	取得好业绩	计数	39	100	164	77	380
		百分比	7.2%	7.4%	5.6%	5.5%	6.2%
	评优表彰	计数	8	29	36	27	100
		百分比	1.4%	2.1%	1.2%	1.9%	1.6%
	学生的喜爱	计数	54	124	264	129	571
		百分比	9.9%	9.2%	9.0%	9.2%	9.2%
	领导、同事、家长的认可	计数	62	151	299	112	624
		百分比	11.4%	11.1%	10.2%	8.0%	10.0%
	专家持续指导	计数	13	40	113	38	204
		百分比	2.4%	3.0%	3.9%	2.7%	3.3%
	提升职业成就感	计数	66	189	420	241	916
		百分比	12.1%	14.0%	14.4%	17.3%	14.7%
合　计		计数	545	1 352	2 924	1 397	6 218
		百分比	100.0%	100.0%	100.0%	100.0%	100.0%

7.2.3　乡村教师专业发展的阻碍因素分析

阻碍乡村教师专业发展的因素(图 7.3)按百分比从高到低依次是缺少培训进修(58.7%)、信息相对闭塞(53.6%)、职业成就感低(52.3%)、发展平台低(45.0%)、学习氛围不浓(44.2%)、学校支持力度不大(28.8%)。乡村教师更多强调外部因素,对自身内因重视不够。

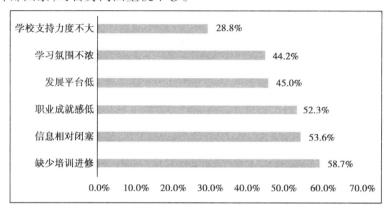

图 7.3　障碍乡村教师专业发展因素示意图

在缺少培训进修方面,58.7% 的教师表示认同。卡方检验发现,师范专业教师和非师范专业教师间的差异非常明显($\chi^2 = 19.453, P = 0.000 < 0.01$),非师范专业教师的期望明显高于师范专业教师(表 7.20)。这说明非师范专业教师的专业培训还需要加强。

表 7.20　缺少培训进修与所学专业交叉分析表

			所学专业		合　计
			师范专业	非师范专业	
缺少培训进修	未选中	计数	2 057	510	2 567
		百分比	42.8%	36.2%	41.3%
	选中	计数	2 752	899	3 651
		百分比	57.2%	63.8%	58.7%
合　计		计数	4 809	1 409	6 218
		百分比	100.0%	100.0%	100.0%

在信息相对闭塞方面,53.6% 的教师表示认同。卡方检验发现,学校距县城的

车程不同的教师间差异非常明显($\chi^2 = 38.074$, $P = 0.000 < 0.01$),在 1 小时以上的教师的认同度明显高于学校距县城的车程在 1 小时以内的教师且学校距县城的车程越远的教师对此的认同度越高(表 7.21)。这说明还需要加强距县城的车程在 1 小时以上学校的信息化建设和教师信息化运用培训。

表 7.21 信息相对闭塞与工作地距县城的车程交叉分析表

			工作地距县城的车程					合　计
			0.5 小时内	0.5～1 小时	1～2 小时	2～3 小时	3 小时以上	
信息相对闭塞	未选中	计数	221	1 052	1 159	324	130	2 886
		百分比	52.4%	49.1%	46.3%	41.0%	35.8%	46.4%
	选中	计数	201	1 089	1 343	466	233	3 332
		百分比	47.6%	50.9%	53.7%	59.0%	64.2%	53.6%
合　计		计数	422	2 141	2 502	790	363	6 218
		百分比	100.0%	100.0%	100.0%	100.0%	100.0%	100.0%

在职业成就感低方面,52.3% 的教师表示认同。卡方检验发现,不同学历教师间差异非常明显($\chi^2 = 124.477$, $P = 0.000 < 0.01$),本科学历和研究生学历教师的认同度明显高于专科学历和高中学历教师且随着学历的提升而增加(表 7.22)。这说明要为高学历教师搭建更多专业发展机会。

表 7.22 职业成就感低与最高学历交叉分析表

			最高学历				合　计
			专科	本科	研究生	高中(中专、中师)及以下	
职业成就感低	未选中	计数	1 249	1 625	6	85	2 965
		百分比	55.7%	42.4%	31.6%	68.5%	47.7%
	选中	计数	993	2 208	13	39	3 253
		百分比	44.3%	57.6%	68.4%	31.5%	52.3%
合　计		计数	2 242	3 833	19	124	6 218
		百分比	100.0%	100.0%	100.0%	100.0%	100.0%

在发展平台低方面,45.0% 的教师表示认同。卡方检验发现,不同类型学校教师间差异明显($\chi^2 = 13.125$, $P = 0.004 < 0.01$),教学点教师和村中心校教师的认同

度明显高于乡镇中小学教师(表7.23)。这说明要为教学点教师和村中心校教师搭建更多专业发展水平。

表7.23 发展平台低与所在学校交叉分析表

			所在学校				合 计
			教学点	村中心校	乡镇小学	乡镇中学	
发展平台低	未选中	计数	284	697	1 667	771	3 419
		百分比	52.1%	51.6%	57.0%	55.2%	55.0%
	选中	计数	261	655	1 257	626	2 799
		百分比	47.9%	48.4%	43.0%	44.8%	45.0%
合 计		计数	545	1 352	2 924	1 397	6 218
		百分比	100.0%	100.0%	100.0%	100.0%	100.0%

在学习氛围不浓方面,44.2%的教师表示认同。卡方检验发现,不同专业教师间差异明显($\chi^2=13.958$,$P=0.000<0.01$),师范专业教师的认同度明显高于非师范专业教师(表7.24)。这说明非师范专业教师学习意识不强,非师范专业教师对提升自身专业能力的自觉性不够。

表7.24 学习氛围不浓与所学专业交叉分析表

			所学专业		合 计
			师范专业	非师范专业	
有碍自身专业发展的障碍(学习氛围不浓)	未选中	计数	2 624	848	3 472
		百分比	54.6%	60.2%	55.8%
	选中	计数	2 185	561	2 746
		百分比	45.4%	39.8%	44.2%
合 计		计数	4 809	1 409	6 218
		百分比	100.0%	100.0%	100.0%

在学校支持力度不大方面,28.8%的教师表示认同。卡方检验发现,不同职务教师间差异非常明显($\chi^2=86.732$,$P=0.000<0.01$),学校骨干教师和普通教师的认同度明显高于学校中层和校级干部(表7.25)。这说明学校对专业发展的支持还没有得到部分学校骨干教师和普通教师的理解。这需要在加大宣传力度的同时,吸纳教师(特别是骨干教师)意见并吸收教师代表参与相关制度的制订。

表 7.25　学校支持力度不大与职务交叉分析表

			职　务				合　计
			校级干部	学校中层	骨干教师	普通教师	
学校支持力度不大	未选中	计数	400	615	176	3 237	4 428
		百分比	86.8%	77.8%	67.4%	68.8%	71.2%
	选中	计数	61	175	85	1 469	1 790
		百分比	13.2%	22.2%	32.6%	31.2%	28.8%
合　计		计数	461	790	261	4 706	6 218
		百分比	100.0%	100.0%	100.0%	100.0%	100.0%

7.2.4　调查结论

①在近期的专业发展目标方面,乡村教师较多地关注社会认可,对自身内涵重视不够。教学点和村中心校教师尤其希望争取好业绩,得到社会和教育行政部门的认可。31 岁及以上教师比 30 岁及以下教师更期望获得职称晋级。中级及以下教师比高级教师更期望能评先评优。教学点和村中心校教师尤其希望成为教学骨干,40 岁及以上教师对争当师德标兵的期望更强,30 岁及以下教师更希望到好学校教书,男教师从事管理工作的意愿更为强烈,处于入职初期的 25 岁及以下教师和处于教师生涯高原期的 50 岁以上教师最"迷茫",40 岁及以下教师转行意愿较强烈,少部分乡镇中小学教师更希望著书立说。

②在最能调动专业发展主动性方面,乡村教师在注重物质利益和外部认可的同时,也在关注自身价值实现。村中心校、乡镇中小学教师更希望增加津贴,教学点和乡镇中学教师更希望职称晋级,乡镇中学教师更希望提升职业成就感,教学点、村中心校、乡镇小学教师更希望培训进修,教学点、村中心校、乡镇小学教师更希望得到领导同事家长的认可,教学点更希望得到学生认可,教学点、村中心校教师更希望取得好业绩,乡镇小学教师更希望得到专家持续指导,村中心校、乡镇中学教师更希望评优表彰。

③在乡村教师专业发展的障碍因素方面,乡村教师更多强调外部因素,对自身内因重视不够。非师范专业教师更认可缺少培训进修,学校与县城的车程在 1 小时以上的教师更认可信息相对闭塞,本科学历和研究生学历教师更认可职业成就感低,教学点教师和村中心校教师更认可发展平台低,师范专业教师更认可学习氛围不浓,学校骨干教师和普通教师更认可学校支持力度,专科学历和高中学历教师更认可自身要求不高。

第8章 重庆市乡村教师专业发展支持服务完善策略

乡村教师专业发展既需要自身努力,也需要教育行政部门、教育业务部门、乡村学校、教师研训机构、社会相关主体在专业条件保障、专业水平认同、专业发展机会、专业情感归属等方面给予支持和保障,共同努力以提高乡村教师整体素质和专业水平。

8.1 教育行政部门进一步完善推动乡村教师专业发展的制度机制和条件保障

教育行政部门是推动乡村教师专业发展的最强有力的支持主体,是乡村教师专业发展的制度机制和条件保障的主要提供者。教育行政部门需要在充分调研的基础上,掌握乡村教师专业发展支持服务需求的整体特质,抓住重点和关键点,综合施策,形成助推乡村教师专业发展的整体合力,切实承担好建设乡村教师队伍的重任。

8.1.1 建立健全推动乡村教师专业发展的制度机制

建立学校教育检查事项清单制度。每年年初,根据当年教育工作需要,收集各部门提交的对学校教育检查申请事项,按照"非必须不检查"的原则,审定本年度学校教育检查事项清单,归类纳入年度学校教育检查工作安排并向社会公布;学校可以拒绝年度学校教育检查事项清单外的检查。通过年度学校教育检查事项清单,减少不必要的检查活动,减轻校长和中层干部的迎检压力,让学校管理者用更多的时间和精力思考谋划,引领学校发展和教师专业发展;同时,减轻教师的工作负担,为教师阅读研修培训提供充裕的时间,为学校和教师发展营造"潜心育人,静

心教书"的良好环境。

建立发展性增量评价制度。以学生入校教育教学质量为起点看所教学生教育质量增量,变传统的静态分数评价为发展性增量综合评价,建立分层分类发展性考核评价制度,适当关注小规模学校及教师个性化发展,充分调动乡村学校及教师(特别是小规模学校及教师)自主发展的积极性,以考核评价促进乡村教师专业成长。

完善乡村学校校长选拔任用制度。选任热爱乡村教育、有主动发展意识、专业能力较强的校长后备人选,配强乡村学校校长,明确校长责权利,减轻学校社会责任和安全压力,提高乡村学校现代治理水平,建设好学校管理队伍,为乡村教师专业发展搭建平台、树立榜样。

建立教育业务部门联系乡村学校制度。指导、督促本地教研机构、培训部门深入学校、深入课堂,掌握乡村学校和乡村教师在教育教学中存在的实际问题,蹲点薄弱乡村学校做好业务指导、帮扶工作;学科教研员与乡村学校中青年骨干教师结对,指导乡村教师专业发展。

健全偏远薄弱乡村学校帮扶制度。通过集团化办学、托管、捆绑发展、定点支持等方式,促进城镇优质学校带动乡村薄弱学校发展,加快乡村薄弱学校和小规模学校教师专业成长,助推培养乡村薄弱学校和小规模学校骨干教师,推动乡村教师队伍建设。

完善乡村教师培训制度。选派优秀乡村教师到城镇学校顶岗学习;鼓励骨干教师下乡支教,指导乡村学校开展校本教研。设计符合乡村教师教育教学实际的培训内容、方式、时间等,针对乡村学校(特别是教学点、村中心校)普遍存在的教育教学问题,有针对性地组织送培下乡活动,提升乡村教师专业素质。

建立学区教育管理制度。加强学区建设,常态化地组织学区学科联合教研活动,提升乡村教师教育教学能力;组织学区紧缺学科教师走教,减轻村小和教学点教师负担;探索教师学区内交流,鼓励优秀教师、年轻教师到村小和教学点任教。

完善乡村教师招聘制度。招聘乡村教师时,要更加注重考查其对乡村学校任教的职业认同和思想政治素质;同等条件下,向来自本乡镇的农村籍应聘者和男性应聘者倾斜。适时提高乡村教师专业素质准入标准;在不违背相关政策文件的前提下,针对学段特点,按性别设置招聘指标,改善乡村教师性别比例失衡问题。区县人力资源部门应让教育行政部门"多唱戏",让"专业人做专业事",让乡村学校招聘到更适合的教师。

完善乡村学校教师职称晋级制度。在适度加大对乡村教师中高级职称评审倾斜力度(特别是对小规模乡村学校倾斜力度)的同时,要加大师德师风和专业素养(特别是专业精神和专业能力)的评审权重,克服乡村教师在职称晋级方面的"等靠要"思想,激发其提升专业素养的主动性。同时,加强对中高级职称教师的管理和考评,发挥好他们的带头作用。

完善乡村教师荣誉制度配套制度。定期评选"教书育人楷模"和"最美乡村教师"等,隆重召开表彰大会,通过表彰仪式,让乡村教师塑造自我价值并充分认识到立德树人的任务,提升乡村教师荣誉感,强化扎根乡村教育的专业精神和内化提升专业能力的活力。要常态化地宣传优秀乡村教师(特别是教学点和村中心校教师)的先进事迹,不仅要宣传乡村教师个体,还要宣传乡村教师群体;不仅要宣传他们的无私奉献精神,还要宣传他们的优秀业绩和乡村学校的办学成果。通过常态化表彰和宣传师德高尚、业绩突出、专业素养优良的乡村教师,讲好乡村教师故事,提升乡村教师教书育人的使命感、社会荣誉感和职业成就感,改变大众对乡村教师和乡村学校的偏见,让他们获得社会更大的尊重与认可,营造尊师重教的社会氛围。要通过系列乡村教师荣誉制度配套政策措施,激励乡村教师为自身专业发展注入持续内驱力,为乡村教师成长和乡村学校发展营造良好的社会环境。

8.1.2　进一步完善乡村教师专业发展的工作条件

建立小规模乡村学校教师"流动编制池"。小规模乡村学校往往是乡村教育中的薄弱学校,是义务教育均衡发展攻坚克难的难点,是各级党委政府维护教育公平而必须兜底的关键环节。小规模乡村学校教育质量的提升必须有足额的师资力量作保障。在当前编制总额不能突破的背景下,可在现有编制总量内,采取"区域统筹、保障急需、动态流转、定时段平衡"的管理办法,统筹城乡中小学教职工存量编制资源,根据小规模乡村学校正常教育教学需要,以县域为单位,按一定比例合理设置小规模乡村学校教师"流动编制池",由县级教育行政部门于每学期初动态统筹调剂,满足小规模乡村学校(特别是教学点)因教师培训进修、生病住院、生产哺育等因素造成的短期师资需求,保证小规模乡村学校正常的教学秩序,保障教师必要的专业成长权利,为保障教师必要的人文关怀创造人力条件。

加强义务教育优质数字资源保障。随着信息技术的发展,"互联网+"成为一种新的发展趋势,信息资源的获取和收集成为一种重要的能力。在"互联网+教育"已经成为教师专业成长和学校发展的重要推力的背景下,教育优质数字资源获取和运用对教师专业成长和学校发展尤其重要。教育行政部门应将其作为重要的教育公共服务并加大对乡村教师和乡村学校的支持力度。一方面,有针对性地加

强专项培训,全面提升乡村教师的信息技术应用能力;另一方面,以"统筹管理、共建共享、动态调整"的基本思路,完善省级基础教育优质数字资源库建设。一是建立统筹建设机制。省级教育行政部门组织基础教育优质数字资源专家团队,制定基础教育各类优质数字资源遴选准入标准,确保数字资源的权威性、优质性;组织省市、区县学科教研员依托本地各学科课程,构建各学科章节知识点图谱,组织学科骨干教师制作针对知识点的微课等数字资源,经专家团队评估后,加入学科优质数字资源库,逐步建立覆盖基础教育各学科知识点的优质数字资源体系。二是建立基础教育优质数字资源评估反馈更新机制。定期评估在线资源,淘汰使用率低的资源,补充新的、更能适应师生需要的优质数字资源。三是建立基础教育教师运用优质数字资源评估机制。借助基础教育"三通两平台",将教师学习、使用优质数字资源情况纳入教师继续教育,鼓励乡村教师使用优质数字资源。通过优质数字资源的建设和应用,破解乡村学校优质教学资源不足的难题,提高乡村教师现代教育技术的运用能力,进一步拓展教师专业发展平台和途径。四是加强乡村学校(特别是偏远乡村学校)远程培训基础设施建设,确保乡村教师参加各级各类远程培训的基本条件。

减轻乡村教师工作负担。创新乡村教师编制配备和管理方式,落实城乡统一的中小学教职工编制标准,优先满足乡村小规模学校教师补充需求。合理控制乡村教师的工作量,为乡村教师(特别是教学点教师)专业阅读、培训进修等专业发展创造条件,为其解决生病就医等生活难题提供人力保障。

保障乡村学校经费。切实保障并解决好乡村教师培训进修和乡村学校图书室建设、校园网络建设等专项经费。建立图书经费保障机制,保证乡村学校图书专项资金专款专用,保证学校图书定期、及时更新;在图书配置时应向教学点和村小倾斜并增强其适用性。

完善信息保障条件。创建乡村信息开放互动的融合路径,将乡村学校计算机和网络服务等现代教育设备和村镇办公设备的维护统一外包给专业公司,保障中小学校现代教育设备的正常运转和互联网络畅通。通过现代信息技术进一步打通乡村学校信息交流通道,打破乡村学校的信息孤岛效应,为乡村教师专业发展创造良好的学习条件。

建立乡村教师专业发展基金。预留部分资金建立乡村教师专业成长专户,用于乡村教师外出交流研讨、后续教学改革、教育教学研究、著书立说等专业发展活动,为乡村教师专业成长提供持续经费支持。

8.1.3　进一步提高乡村教师的生活条件和经济待遇

改善乡村教师生活条件。在乡村振兴战略中,整体布局乡村学校建设,尽量将其靠近村镇办公地,改善其交通、文体活动场地设施等条件;解决好乡村教师(特别是偏远地区乡村教师)的周转房、饮用水、文体活动场地设施、医疗保障等生活难题,提升乡村教师生活质量和岗位幸福感。

加强对乡村教师的人文关怀。对在乡村学校工作年限达到一定标准的乡村教师的子女,在就读本地优质学校时给予适当倾斜政策;对工作成效好、达到一定年限且有工作调动需求的乡村教师开设调动绿色通道,便于其照顾家庭;与妇联、共青团等单位协作,扩大青年教师(特别是家庭在本区县外的教师)交往面和协助其解决婚恋难题;在重要节日,适当多走访、慰问偏远学校乡村教师;学校领导多与教师(特别是家庭所在地在区县外的教师)沟通交流,增强教师对学校的认同感和归属感。

重视乡村教师心理需求。由于工作生活设施的落后、繁重的教学任务、"不争气"的难管学生、保姆式的角色、边界不明的责任等诸多因素,导致乡村教师的心理压力大、个人心理调节能力不足,需要有相关专业人士为他们提供必要的心理支持服务,提高他们的工作热情、职业认同感、专业发展动力等。教育行政部门、乡村学校可依托心理专家团队,设立乡村教师心理健康热线,采取"专家讲座+团体辅导+个体咨询"等模式,传授心理调节的方法、技巧,有针对性地开展心理辅导活动,疏导乡村教师在面临工作压力、专业发展、人际关系、情感困扰等方面的不良情绪,释放工作和生活压力,提高他们的获得感和幸福感。

丰富乡村教师精神文化生活。将乡村学校文化娱乐设施与乡镇、村社文化娱乐设施整合,为乡村教师精神生活提供更丰富的设施设备。学校适时组织工会活动、文体活动,融洽领导与教师、教师间的人际关系;教育行政部门、乡村学校、乡镇社区、妇联、共青团、文化部门等联合开展形式多样的文化娱乐活动,丰富乡村教师精神文化生活,增进社会人士、村民与乡村教师间的沟通交流理解,让乡村教师(特别是青年乡村教师)了解民情、村情、社情,激发其工作热情,增强其教育教学的针对性。

提高乡村教师岗位津贴补助。加大乡村教师(特别是艰苦边远地区乡村教师和与县城的车程在0.5~2小时的教师)岗位津贴补助倾斜力度,提高乡村教师整体待遇,提高乡村教师的职业吸引力,吸纳更多大学毕业生(特别是男性大学毕业生)。有条件的地方可以设立乡村教师岗位专项津贴,根据在乡村学校连续任教年

限给予相应的专项岗位津贴,突显乡村教师的职业价值。要通过合理的差异化补助标准,用政策红利充分肯定边远和艰苦地区乡村教师的工作价值,稳定边远和艰苦地区乡村教师队伍,为边远和艰苦地区乡村教师的专业成长和乡村学校发展提供有力支撑。

8.1.4 高度重视发展乡村教育

认清乡村教育和乡村教师发展的时代价值。提高乡村教师专业能力的最终目的是推进乡村教育的发展,有质量的乡村教育才能为乡村教师专业发展夯实成长土壤,二者是辩证统一、相互作用、相辅相成的。因此,在推进乡村教师专业发展和加强乡村教师队伍建设的同时,更要大力发展乡村教育。要彻底抛弃"乡村学校必将随着城市化进程加快而消失""乡村教育是落后教育"等错误观念;要以高水平、有质量的乡村教育为乡村教师的教育智慧提供宽阔的展示舞台,为乡村教师专业发展提供坚实基础;要以高水平、有质量的乡村教育激活乡村教师的职业认同感、职业幸福感、职业使命感,提升乡村教师的社会地位和形象,突破乡村教师专业发展和队伍建设中的各种困境。要认识到乡村学校和乡村教育的独特优势和肩负的历史使命,把办好乡村学校作为促进教育均衡发展和阻止贫困现象代际传递的托底工程;把发展好乡村教育作为保障乡村底层民众民生的长远战略任务;把发展乡村教育作为新农村建设、精准扶贫工作、阻止贫困现象代际传递的重要内容,认真做好乡村教育发展规划和乡村学校布局,为乡村教师队伍建设和乡村教育发展打下坚实的基础。

加大对乡村教师支持计划落实工作的全面领导统筹和督导。要加强组织领导,把乡村教师支持计划收官验收工作纳入教育工作议事日程,督促各相关部门切实履行好自身工作责任,指导各部门密切配合,形成工作合力,要将乡村教师支持计划实施情况纳入政府履职工作考核指标体系,组织政府教育督导机构定期对本区域乡村教师支持计划实施情况进行专项督导。对成绩突出的部门要予以表彰,及时总结推广其经验做法;对实施不到位的部门要通报批评并追究相关责任人的责任;对存在严重问题的单位要对责任人予以必要的处分。同时,采取表彰、奖励等方式鼓励、引导社会力量参与乡村教师队伍建设。

8.2 教育业务部门进一步完善乡村教师研训机制和平台

区县教育科研机构是乡村教师队伍建设的业务指导者,需加强乡村教育研究力度和对乡村教师专业发展的指导力度。教师培训机构是乡村教师队伍建设的助力者,需深入调研乡村教师专业发展的需求,加强培训的针对性、实效性,助推乡村教师专业发展。

8.2.1　健全乡村教师培训机制

厘清乡村教师培训需求。乡村教师培训是提升乡村教师专业能力和提高乡村学校教育质量的重要手段。乡村教师培训必须立足乡村教师专业发展的真实需求。教育业务部门要深入村社、乡村学校、农村家庭,与村社群众、乡村教师、农村学生及家长座谈,了解他们的愿望、想法、心声,掌握本区域各类学校、相关利益群体对乡村教育和乡村教师专业发展的希望和期待。厘清本地区各类乡村学校、乡村教师在工作生活、专业成长等方面存在的主要问题,明晰乡村教师"需要支持什么、怎么支持、什么时间支持",把准专业发展支持服务重点、难点、关键点和时间节点。要根据乡村教育实际需要和乡村教师教育教学工作需求,扎根乡村课堂,转变培训方式,激发乡村教师主动参与意识,以适应乡村教师需求的教育教学案例和教育技术,解决其教育教学存在的主要问题和共性难题,全面提升教师专业素质。同时,针对"留不住""教不好"两大难题,将上级政策与本地乡村教育实际、乡村教师实情结合,找准针对性强、实效性好和受广大乡村教师、学校、家长、群众欢迎的实施办法,为教育行政部门决策提供资政建议,以更好地服务于乡村教师专业成长和乡村教师队伍建设。

完善乡村教师培训项目评审。在乡村教师培训项目的招标、评审时,在培训内容上,要多一些适合乡村教师口味的乡村教育教学典型案例和乡村化的教学技术、方法;在培训教师的选择上,要多一些接地气的、能让参培乡村教师长"真功夫"的乡土专家和乡村优秀教师;在培训形式上,要扎根乡村学校课堂,能解决乡村教师课堂教学中存在的普遍问题;在培训理念上,要激发乡村教师主动地参与、讨论、交流,转变教育教学观念,提升专业能力;在项目评审时,要适当加重乡村教育教学典型案例和乡村学校的教学技术及方法、乡土化教育专家和乡村优秀教师、定期送教到校、激发乡村教师主动参与等方面的权重。建立培训项目跟踪服务和质量监测机制,将监测结果作为以后培训项目招标评审的重要参考,稳步提高培训质量。

8.2.2　健全乡村教师研修平台

建立学区教育联合体乡村教师培训培养基地。区县教育业务部门在组织乡村教师参加"国培计划""省培计划"等培训计划的同时,业务指导重心要下移,可在

本县各学区教育联合体中遴选 1～2 所整体优势较明显的乡村学校作为本学区教育联合体的教师培训培养基地。在专家指导下,采用本土教学案例研讨、示范课及点评、定制送教下乡等参与式、体验式培训方式,有序开展适应本土乡村教师迫切需要的专项知识和能力培训(如乡村学校校长的教学领导力专项培训,年轻教师课堂教学能力专项培训,新课程标准理解及其在教育教学上运用设计培训,教育教学自主反思专项培训,非师范生现代教育技术运用能力专项培训等),增强培训的针对性、实用性和实效性。同时,在培训过程中发现、培养乡村学校种子教师,增强乡村学校教师的教育教学自信。

建立乡村学区教育联合体联合教研、考核评价和紧缺薄弱学科教师走教制度。在推进乡镇中心小学和同乡镇乡村学校一体化办学的同时,组织相邻乡镇的中心校和乡村学校成立乡村学区教育联合体并以此开展学区内学科联合教研活动、教师发展性考核评价活动和紧缺薄弱学科教师走教活动,克服乡村学校同学科教师教科研交流机会少、学科教师业绩同比性差和紧缺薄弱学科教师结构不合理等弊端,调动乡村教师提升专业素养的积极性。

搭建多元化多层次的发展平台。区县教育业务部门在为优秀乡村教师提供外出培训、专业竞赛等机会的同时,也要依托各学区教育联合体的教师培训培养基地,搭建"学研训教一体化"专业素养提升及展示平台。针对学区教育联合体不同类型教师的需求,分门别类地开展相应"学研训教"专项活动,满足不同类型乡村教师的多元和个性发展需求,为有专业特长的乡村教师提供多层次的展示机会,激发其提升专业素养的内生动力。争取社会力量(如全国农村小规模学校联盟年会)和项目(如互加计划)对乡村小规模学校教师的专业支持,同时向教学点教师提供更多的发展机会。

完善乡村学校骨干教师培养管理机制。本次调查发现,乡村学校骨干教师占比仅为 4.2%,其比例偏低。要加大对乡村学校骨干教师培养评定的倾斜力度并适度关注教学点和村中心校教师。同时,加强乡村学校骨干教师教育和管理,发挥好骨干教师的示范作用,引领乡村教师整体提升专业素质,针对性地提高乡村骨干教师教育科研意识和能力、校本课程开发实施整合的意识和能力等。

搭建"互联网+乡村学校"教育融合发展平台。加快乡村学校宽带网络建设并实现全覆盖,指导其与优质学校共同在线上课、教研、交流,共享优质教育资源。同时,开展中老年教师的现代教育技术运用能力专项培训,提高乡村教师现代教育技术应用能力。发挥好青年教师带头作用和对中老年教师的帮助作用,充分利用现代教育技术缩短教师专业发展周期并减少教师专业成长的投入。

开展非师范专业新教师教育教学专项培训。在发挥非师范专业新教师的专业优势的同时,针对非师范专业新教师教育教学中的共性问题,建立区县非师范专业新教师专项培训计划,以三年为周期,开展专项培训,增强其校本教研意识和能力,提升非师范专业新教师专业能力和专业素养。

8.3　乡村学校进一步提高乡村教师专业发展动力

乡村学校是乡村教师直接管理者,是乡村教师专业发展支持服务的直接责任人,乡村学校应肩负起整合校内外各种资源以充分调动乡村教师专业发展的主动性和积极性。

8.3.1　提高乡村教师思想政治素质

扎实开展乡村学校师德师风建设。健全乡村学校教师师德师风长效机制,加强师德师风教育和职业道德教育,强化师德考核,发挥好中老年教师的师德师风认同优势,引导乡村教师(特别是青年教师)做"四有"好教师。健全教师政治理论学习制度,教育引导乡村教师明德立身、勤学拓业,增强立德树人、教书育人的责任感和扎根乡村学校、办好乡村教育的使命感,自觉做乡村学生健康成长的引路人,坚定乡村教育专业信念的强大正能量,增强乡村教师队伍的稳定性。

有序开展乡村学校党(团)组织活动和党团主题教育活动。调查数据显示,青年教师、高级教师、乡镇中学教师的离职意向较高。因此,要有针对性地加强对他们的职业认同培养教育,加大在他们中发展党员工作的力度。访谈发现,部分乡村学校党(团)员教师少,还没有建立党(团)组织。上级党(团)组织可指导乡村学校成立党(团)小组,积极稳妥地培养吸纳骨干教师和优秀青年教师,有序地开展组织活动和主题教育活动,进一步增强党(团)员教师的思想政治觉悟,并以此带动广大乡村教师提高专业精神和专业能力。

加强乡村教师社会实践活动。通过与乡镇中心校或邻近村社党(团)组织联合开展家访、联谊等活动,让乡村教师(特别是年轻教师、家庭居住地在本乡镇外的教师和男教师)深入邻近乡村、深入学生家庭,全面掌握学生及家庭的基本情况,知晓家长、村民对学校发展和乡村教育的期望,了解本地文化传统、乡风民俗、生活习惯、自然环境、文物古迹等,增强其对乡村教师的职业认同感、对乡村的归属感和服务村民的乡村教育情怀,激发其工作热情,增强其教育教学的乡村生活性,更好地获得同行、家长、村民、学生的认可和肯定。

8.3.2　提高乡村教师专业内驱力

加强学校人文管理。乡村学校要充分利用好管理层次少、直接交流机会多等优势,加强沟通交流,健全工会(教代会)组织,突出教师主体地位,打通教师建言献策通道,充分吸纳教师的合理建议,提高学校决策的合理性和认可度,提升学校民主管理水平、治理能力和凝聚力,提升学校教育治理能力;健全完善教师考核评价、职称晋级考核、教学常规管理等制度,规范学校教育教学管理;积极开展丰富多彩的文体活动,融洽人际关系;要关注本校乡村教师(特别是年轻教师和家庭在外区县乡村教师)思想动态,关心他们的工作、生活与成长,增加他们的归属感;要掌握教学点教师、年轻教师、家庭在外区县教师等重点类别乡村教师在工作、生活、专业发展等方面的需求,有针对性地帮助他们解决好现实困难,增强教师对学校的归属感、认可感和乡村学校发展的向心力和凝聚力;要利用好现有条件,积极深化课程改革,将学校发展融入本地乡村经济社会发展大局,提炼学校特色,提升学校内涵,提高教学质量,建设美丽乡村学校。

加强校风学风建设。激励年轻教师传承中老年教师良好的工作作风;配备必要的教育教学期刊,营造浓厚的学习氛围,鼓励、支持教师多读书,提高终身学习的意识和能力,增强专业发展自觉性。

激发乡村教师提升专业素养的自主性。鼓励、支持乡村教师要根据自身发展愿景和学校现实需求,立足自己专业素养的优势和不足,确立自己的专业发展规划并积极实施;引导入职初期的年轻教师明确自己的发展方向,点燃老年教师专业发展热情,引导他们总结教育教学经验、突破专业发展瓶颈,走向新高度。乡村教师要在不断努力和持续发展中,克服教学自卑心理,品尝自我成长的快乐,树立自己的专业自信和教育自信。

8.3.3　健全乡村教师专业发展平台

积极开展校本互助型教研活动。调查发现,中高级教师、校级干部、专科教师基本上是20世纪八九十年代中师毕业的中年教师,他们的专业自觉性和主动性、教育教学知识、课堂教学能力、教学反思能力、教育科研能力、课程开发能力、专业影响能力相对较强,是乡村学校的中坚力量;年龄超过50岁、教龄超过30年的教师基本上是20世纪70年代后期和80年代初期参加工作的"民转公"老教师,他们的职业认同感强、工作认真负责;年龄30岁以内、教龄10年以内的教师基本上是近十年参加工作的"90后"新生代教师,他们(非师范毕业生除外)专业知识较扎实、现代教育技术运用能力较强,逐渐成为乡村教师的主体。乡村学校要充分利用好本校各类教师的专业素质优势和专业知识各有所长这一差异性资源,开展丰富多彩的校本教研系列活动,发挥好骨干教师和中高级教师的教学优势以提升乡村教师整体教学能力,让教师在专业引领和同伴互助中取长补短、共同进步,整体提升专业素养。

营造浓厚的学习氛围。调查数据显示,23.9%的教师阅读时间仅占其空暇时间的10%以内,48.9%的教师阅读时间占其空暇时间的10%~30%。多数乡村教师阅读时间少,阅读积极性差。大多数接受访谈的教师表示,所在学校没有开展针对教师的阅读活动,学校阅读氛围较差。这使得乡村教师专业发展失去了助推力。乡村学校应保障图书和教学期刊专项经费,按需配足图书;完善图书选购制度,图书更新时征求师生意见,保证选购图书满足师生需要、贴近师生实际,保障乡村学校图书数量、质量和实用性的均衡发展;完善图书管理制度和图书管理系统,创新图书管理方式(如师生自主管理图书馆,建立学科教师书吧等);建立健全的图书阅读及评价制度,定期开展图书阅读活动,表彰奖励积极分子。学校领导要率先垂范带头读书,通过组织教师读书社等,培育"读书种子",支持、鼓励乡村教师多读书、多学习,营造良好的学习氛围。

搭建科研平台。乡村学校要积极争取县级教研机构支持,建立乡村教师研修共同体,引导教师关注学生经历并将其作为教学重要资源,加强对课程和教材的分析、理解,更新教育教学理念。部分乡镇中小学教师对教育教学有自己的理解,教育行政部门和学校可建立相应支持措施,支持有意愿、有能力的教师著书立说,推动这部分教师提升理论素养、总结教育教学经验,进一步提升专业素质和专业影响力,培养乡村骨干教师和名师,并以此带动一批乡村教师致力于乡村教育研究,形成良好的学习研究氛围,营造良好的专业发展环境。

增强教育自信和合力。乡村学校要认清自身的独特魅力和办学优势,不要一味地追随城市学校,要明确自己的办学定位、办学特色、发展目标;要在争取教育行政部门、教研部门、社会力量、家长、村社等各方力量支持的同时,与发展处境相似的乡村学校结成联盟,抱团取暖,共同发展。

8.4　教师研训机构加强培养指导

教师研训机构是乡村教育、乡村学校、乡村教师发展的重要指导者、助推者。教师研训机构要主动与地方教育行政部门、业务部门、乡村学校合作,提高乡村教师专业素养。

建立地方师范院校与地方教育行政部门、中小学联合培养乡村教师的机制。地方师范院校是乡村教师职前培养的主体，要加强与市、区县教育行政部门合作；市、区县教育行政部门选招部分优秀学生委托地方师范院校培养，毕业后分配到生源所在地的乡镇学校、村小或教学点任教。在全科教师等乡村教师职前培养过程中加强乡村教育认同培养和职业道德教育，要更加重视培养其乡村学校任教的职业认同感，增强其专业精神；同时，采取与中小学联合培养全科型教师模式，建立中小学教学实习基地，明确教学实习时间，强化教育教学实习实践环节，要求学生做到"能说会道，能写会画，能弹会唱，能做会舞，能教会导，能思会研"，成为高素质的全科型教师。

研究乡村学校教育教学和管理特征。教师研训机构应加强与区县教研机构、乡村学校密切配合，调查研究乡村学校（特别是较小规模学校）教育教学管理和教师的课堂教学现状，分析学校教育教学管理特点、课堂教学特点、教师教学特点、学生学习特点及其主要问题，指导乡村学校（特别是较小规模学校）教师改进课堂教学理念和教学方法，提高乡村学校课堂教学质量。选择典型学校，分析学校教育教学管理特点和发展中面临的共性难题，提出指导建议并向教育决策部门提供决策咨询参考和政策建议。

研究乡村教师的专业发展特性。乡村教师人数众多，分布广泛；不同类型学校、不同年龄阶段的乡村教师，因为教育对象不同、社会经济水平不同、所处自然条件和自身经历不同，对专业发展的认识、理解和期望也各不相同。教师研训机构应根据教育部印发的《小学教师专业标准（试行）》《中学教师专业标准（试行）》，结合重庆教师队伍实际和乡村教育发展的趋势，细化其要求，制定具有本土特色的《重庆市乡村小学教师专业标准》和《重庆市乡村中学教师专业标准》，以标准化建设推进乡村教师专业化建设。

选派教学专家加强指导。专家对乡村教师的指导及建议具有专业性以及权威性。教学见长的专家要亲自观摩课堂情况，主持教研活动，提高乡村教师教学技能；学术见长的专家通过讲座、学术报告活动等活动，扩展乡村教师的专业视野。专家应深入教师教学一线，加强与乡村教师面对面的沟通、交流，将教育教学理论与乡村教师的教育教学实践紧密结合，在解决乡村教师教学困惑和难题的同时，提升自己的研究质量。

8.5 营造良好的社会氛围

引导家长支持乡村教师工作。家长是学生教育工作的重要参与者和责任人,他们对乡村教师工作的支持、理解和肯定,是乡村教师的工作动力之一。乡村学校学生家长在外打工比例较高,他们与班主任和学科教师沟通、联系较少,与教师配合度较弱,这加重了乡村教师的工作负担和压力,对教师和学生发展不利。学校、村社加强宣传、引导,让家长认识到自己教育子女的责任,认识到家庭教育的重要性,认识到良好的家庭教育对孩子一生所产生的积极影响;让家长看到教师的辛苦和付出,理解、认可、配合教师的工作,减轻乡村教师的工作负担,使乡村教师有更多的精力去提升专业水平。

大力宣传本地乡村学校办学成果。社会舆论氛围体现着对乡村教师价值的认可,在一定程度上影响着教师工作的自我价值认同。要常态化地宣传展示乡村学校的进步,表彰本土优秀乡村教师(特别是青年教师),让村民、村社看到家门口乡村教师和乡村学校的可喜变化,认可、接受自己身边的乡村教师和乡村学校,为乡村教师专业发展提供良好的社会氛围,激发乡村教师自主专业发展意识和追求卓越的职业精神。

引导鼓励成立乡村教师社会公益奖励基金。通过税收减免、表彰等方式,鼓励支持企业、社会团体等建立乡村教师社会公益奖励基金。以社会公益基金的形式肯定和奖励优秀乡村教师,不但可以使优秀乡村教师获得应有的回报,而且可以提高乡村教师的社会关注度,表达社会对乡村教师的肯定,营造尊师重教的社会风尚,为乡村教师和乡村学校发展营造良好的社会环境。

8.6 乡村教师增强专业发展内驱力

乡村教师是自身专业发展的主体和内因,需加强同伴互助和自主发展,将外驱力转化为自我发展的内驱力,为自我成长注入持续动力。

增强同事间的合作交流。乡村教师在日常工作和生活中,除了面对学生之外,就是面对自己的同事。在专业发展方面,同事间最了解彼此的优势和不足,探讨的内容更具体、更具有针对性,能触及乡村教师专业发展的实际问题;同事之间的交流还具有随时性、随地性等特征,交流可以随时随地,不受时间及地点的限制。乡村教师除参与学校组织的业务学习交流和工会活动等增进交流理解外,还要见贤思齐,主动向身边的优秀教师学习,互相帮助,共同提高专业水平。

增强专业发展内驱力。本次调查显示,乡村教师普遍存在一些局限和问题,主

要体现为个人诉求较多,特别是对物质生活、经济条件等的诉求较多、较高,但个人追求却相对较低、较弱,乡村教师专业发展意愿不强、动机乏力、效果欠佳,教师诉求与理想、信念、追求严重失衡,乡村教师精、气、神急需提振。乡村教师(特别是年轻教师)要积极调动自我发展的积极性、主动性,看到国家、社会对乡村教育的重视和支持,认识到乡村教育的广阔发展前景和自身成长的广大空间,认清自身肩负的使命与责任,明确自身的专业发展目标,在为乡村教育发展贡献力量中体现自己的人生价值;要坚信乡村教育大有可为、大有作为,将工作、生活环境中的不利因素转化为自我发展的动力;要向书本学习,向优秀教师学习,创新乡村学校教育教学方法,探索乡村教育教学规律,在与乡村学生共成长的历程中不断提升自己的专业能力,重塑乡村教师的职业尊严,享受乡村教育的幸福,过富有激情的乡村教育生活。

8.7 本章总结

从时间来看,乡村教师专业发展支持服务涉及职前和职后并以职后为主。从支持服务主体来看,乡村教师专业发展支持服务涉及教育行政部门、教育业务部门、乡村学校、教师研训机构、社会相关主体及乡村教师自身。从支持服务需求和内容来看,乡村教师专业发展支持服务涉及专业条件保障支持、专业水平认可支持、专业发展机会支持、专业情感归属支持,这四个方面内容形成专业发展支持服务内容体系。其中,专业条件保障支持是乡村教师专业发展支持服务的客观基础,旨在改善乡村教师专业发展的不利条件并夯实其专业发展的物质基础;专业水平认可支持是乡村教师专业发展支持服务的社会环境氛围,旨在提高乡村教师的专业地位、社会地位并激发其专业发展的自主能动性;专业发展机会支持是乡村教师专业发展支持服务的动力源泉,旨在助力乡村教师实现其专业价值和人生价值并调动其专业发展的内源动力;专业情感归属支持是乡村教师专业发展支持服务的价值追求,旨在增强乡村教师对乡村及学校的归属感并坚定其奉献乡村教育的专业精神。按马斯洛需求理论,这四个内容满足了乡村教师专业生活的生存的需要、尊重的需要、自我实现的需要和爱的需要,涵盖了物质和精神两个层面,形成了完整的乡村教师专业发展支持服务体系。

乡村教师专业发展支持服务是一个系统工程,需要各方齐心配合。区县教育行政管理部门和业务部门要在全面调研的基础上,重点做好制度机制和工作条件、生活条件和经济待遇等保障,进一步完善乡村教师研训机制和平台,整体把握本地乡村教师专业发展支持服务的显性物质需求和隐性精神需求,制订新的乡村教师支持计划和教师队伍建设规划,综合施策,全面推进,持续地推进乡村教师专业发展。乡村学校要厘清学校教师专业发展现状和个性,整合各方资源,有针对性地健全乡村教师专业发展平台,提高乡村教师思想政治素质,提高乡村教师专业内驱力,营造良好的氛围。乡村教师要增强专业发展内驱力,充分利用各种资源和机会,积极主动发展。

附　录

附录1

乡村教师专业发展支持服务现状调查问卷

尊敬的老师：

您好！为掌握乡村教师专业发展支持服务现状，我们进行本次调查。下列问题请根据您的实际情况认真、独立、如实填写。您的答卷仅用于研究并会绝对保密。谢谢您的配合与支持！

乡村教师专业发展支持服务现状调查课题组

2019 年 2 月

一、1—40 题为单选题，请在与您实际最符合的选项前的□内打"√"。

1. 您的性别：

□男　□女

2. 您所学专业：

□师范专业　□非师范专业

3. 您的年龄：

□25 岁以下　□25～30 岁　□31～40 岁　□41～50 岁　□51 岁及以上

4. 您所在学校：

□教学点　□村中心校　□乡镇小学　□乡镇中学

5. 您家庭所在地：

□本村　□本乡镇　□本区县　□本市　□外省市

6. 您的职称:

□无职称　□初级　□中级(含小高)　□副高级　□正高级

7. 您的职务:

□校级干部　□学校中层　□骨干教师　□普通教师

8. 您的最高学历:

□高中(中专、中师)及以下　□专科　□本科　□研究生

9. 您在乡村学校任教的年限:

□1 年以内　□1 ~ 3 年　□4 ~ 10 年

□11 ~ 20 年　□21 ~ 30 年　□31 年及以上

10. 您工作地与县城的车程:

□0.5 小时内　□0.5 ~ 1 小时　□1 ~ 2 小时　□2 ~ 3 小时　□3 小时以上

11. 您所在学校的学生数:

□100 人以内　□101 ~ 500 人　□501 ~ 1 000 人

□1 001 ~ 2 500 人　□2 501 ~ 4 000 人　□4 001 人及以上

12. 您的平均月收入总额(含工资、各类津补贴和年终绩效奖励):

□2 500 元以下　□2 500 ~ 4 000 元　□4 001 ~ 6 000 元

□6 001 ~ 8 000 元　□8 001 ~ 10 000 元　□10 001 元及以上

13. 如重新选择职业,您最希望:

□继续在本校工作　　　□到条件好的学校任教

□到离家近的学校任教　□立即改行

14. 您平均每天工作时间:

□6 小时及以下　□6 ~ 8 小时　□8 ~ 10 小时　□11 小时及以上

15. 您教育教学的时间占工作时间的比例:

□50% 以内　□50% ~ 70%　□71% ~ 90%　□91% ~ 100%

16. 您用于看书(教材教辅书以外)的时间大约占您空暇时间的比例:

□10% 以下　□10% ~ 30%　□30% ~ 50%　□50% ~ 70%　□70% 以上

17. 您较擅长的知识类型:

□消遣娱乐类　□家居养生类　□教育理论类　□学科教学技能类

□教育教学实践类　□基本文化知识类　□时政类书籍　□学科知识

18. 您最需要加强学习的专业知识:

□学科发展新成果　□新的教育教学理论　□运用网络等教育技术知识

□乡土文化知识　□学生心理辅导知识　□小班化教学和管理知识

□自身心理调节方法　□留守儿童教育知识

19. 您运用微课等数字教学资源的情况：

□很少用　□借助现成的课件　□利用已有课件并作修改　□自制课件

20. 您认为教研活动对解决自己教学问题的作用：

□非常有帮助　□有帮助　□一般　□没帮助

21. 您参加的培训进修对解决自己教育教学问题的作用：

□非常有帮助　□有帮助　□一般　□没帮助

22. 您认为自己教学能力：

□强　□较强　□一般　□较差

23. 您近三年承担校级及以上级别的公开课、示范课的情况：

□没有　□1 次　□2 次　□3 次　□ 4 次及以上

24. 您近三年承担（主持、主研）校级及以上级别课题的情况：

□没有　□1 个　□2 个　□3 个　□4 个及以上

25. 您近三年校本课程的开发实施情况：

□没有　□ 举办过课外专题讲座　□组织过学生课外小组活动

□编写过学科拓展类读本　□开发过学科整合类选修课　□其他

26. 学校图书适用情况：

□很适用　□适用　□一般　□不适用　□很不适用

27. 学校图书、微课等优质教育资源配置情况：

□很丰富　□丰富　□一般　□不足　□很不足

28. 您对本人乡村教师岗位津贴的满意度：

□很满意　□满意　□一般　□不满意　□ 很不满意

29. 您对学生作业的批注情况：

□没批注过　□偶尔批注　□有选择性地批注

□经常批注　□ 每次都批注

30. 您在专业发展方面最迫切希望改进：

□学科知识　□教学能力　□班级管理

□教学风格　□教学理念　□教育思想

31. 上学年，您参加区（县）级及以上培训的次数：

□0 次　□1 次　□2 次　□ 3 次　□4 次及以上

32. 近一年，区县教育行政部门领导或科室负责人到校指导工作次数：

□0 次　□1 次　□2 次　□3 次　□4 次及以上

33. 近一年,学校校级领导与您谈心次数:

□0 次　□1 次　□2 次　□ 3 次　□4 次及以上

34. 您认为最能调动自己专业发展主动性的方式:

□增加津贴　□职称晋级　□培训进修

□取得好业绩　□评优表彰　□学生的喜爱

□领导、同事、家长的认可　□专家的持续指导　□提升职业成就感

35. 您最希望学校教研活动改进:

□活动规范性　□同事间坦诚研讨　□提升活动的参与面

□提升活动吸引力　□加入片区学科教研共同体

□活动主题与教学困惑结合　□提高活动收获感

36. 您认为学校对教师专业发展的重视程度:

□很重视　□重视　□一般　□不重视　□很不重视

37. 与前几年相比,近两年本校优秀教师流失情况:

□比前几年多　□比前几年少　□基本上未变

38. 您自觉职业倦怠在您身上:

□很严重　□较严重　□一般　□轻微　□不存在

39. 您对自己工作状态的感觉:

□完全胜任　□胜任　□基本胜任　□有点压力　□压力颇大

40. 家人对自己工作的支持状况:

□很支持　□支持　□一般　□不支持　□很不支持

二、41—55 题为多选题,请在与您实际符合的选项前的□内打"√"。

41. 您在教学设计时较关注:

□教学内容难易度　□与考点的结合　□ 师生、生生间的互动

□教学资源可用度　□学生生活经历

□ 分析编写意图　□学习方法指导

42. 在日常教育教学中,您较关注学生的:

□学习成绩　□学习兴趣　□学习态度

□行为习惯　□身心健康　□思想品德

43. 您常用的课堂教学方法:

□讲授　□讨论　□探究式教学

□分组学习　□角色体验　□提问　□练习

44. 您课后教学反思的方式:

□反思较少　□听学生意见　□写教学日记

□教案上作批注　□与同事交流　□分析学生作业

□写教学案例　□分析自己教学的录音录像

45. 您遇到教育教学困惑或困难时,通常的做法:

□不管它　□看专业书籍　□看教学期刊

□向同事或专家讨教　□网络求助

46. 您近期的专业发展目标:

□不明确　□从事管理工作　□职称晋级　□到更好的学校教书

□转行　□争取好业绩　□争当师德标兵　□成为教学骨干

□评先评优　□著书立说

47. 您认为有效的教研形式:

□观摩和点评示范课　□自我反思总结　□同伴分享合作

□教学案例研讨　□小课题研究　□远程在线共同体

□轮岗交流学习　□师徒"传帮带"

□教学专家引领指导　□菜单式送教下乡

48. 您认为有碍自身专业发展的障碍:

□学校支持力度不大　□职业成就感低　□缺少培训进修

□信息相对闭塞　□发展平台低　□学习氛围不浓

49. 您希望学校管理方面的改进:

□减少跨年级及学科安排　□吸纳教师合理建议　□深化学科组校本教研

□培养学科种子教师　□建立合理的考核评价制度　□加强教学常规管理

□加强师德师风建设　□建立公平的职称晋级考核制度

□提高领导班子的管理水平

50. 您希望学校保障支持方面的改进:

□改善在校吃住等生活条件　□增强对学校的归属感

□加强学科教学资源建设　□加强学校与乡村的联系

□和谐人际关系　□丰富文体活动

□建立多样化的专业发展平台

51. 您希望县级教师培训机构的改进:

□增加培训次数　□增强培训内容的实用性　□送培下乡

□加强培训的后续支持　□开展培训满意度调查

□重视培养乡村教师种子选手

52. 您希望教师研究机构的改进：

□多研究指导乡村课堂教学　□多研究指导乡村教师专业发展

□多研究乡村学校教育管理　□多研究指导乡村学校发展

□深入乡村学校调研并提供发展建议

53. 您希望区县教育行政部门管理方面的改进：

□增加编制以减轻工作负担　□分类考核乡村学校和教师

□职称晋级的倾斜　□减少与教育无关的检查和杂务

□减轻学校的安全压力　□区县内调动照顾夫妻分居教师

54. 您希望区县教育行政部门在支持保障方面的改进：

□重视关心乡村学校和教师　□配置更适合乡村教师的图书

□增加乡村教师岗位津贴　□保障医疗等福利

□宣传表彰优秀乡村教师和学校　□改善工作条件

□提供更丰富的优质教学资源　□对不同学校提供差异性支持

55. 您希望社会提供的支持：

□认可教师的专业能力　□肯定学校的进步　□增强教师对乡村的归属感

□引导舆论支持教师　□家长多与教师联系

答题完毕。全卷共55题。请您检查是否有遗漏。再次感谢您的支持与配合！

附录2

重庆市乡村教师基本情况调查问卷

尊敬的老师:

您好!为落实乡村教师支持计划,我们进行本次调查。下列问题请根据您的实际情况认真、独立、如实填写。您的答卷仅用于研究并会绝对保密。谢谢您的配合与支持!

重庆市乡村教师基本情况调查课题组

2015 年 10 月

一、1—38 题为单选题,请在与您实际最符合的选项前的□内打"√"。

1. 您的性别:

□男　□女

2. 您所学专业:

□师范专业　□非师范专业

3. 您的婚姻状况:

□未婚　□已婚　□离异

4. 您的年龄:

□25 岁及以下　□26～39 岁　□40～55 岁　□56 岁及以上

5. 您所在学校位于:

□主城　□渝西　□渝东南　□渝东北

6. 您所在学校:

□教学点　□村中心校　□乡镇小学　□乡镇中学

7. 您家庭所在地:

□本村　□本乡镇　□本区县　□本市　□外省市

8. 您在乡村学校任教年限:

□1～3 年　□4～10 年　□11～20 年　□21～30 年　□31 年及以上

9. 您的职称:

□无职称　□初级　□中级(含小高)　□高级(正高级)

10. 您的最高学历:

□高中(中专、中师)及以下　□专科　□本科　□研究生

11. 您的月平均工资总额(含各类津补贴):

□2 500 元及以下　　□2 501~3 500 元

□3 501~5 000 元　　□5 001 元及以上

12. 您在校工作期间的住房是：

□学校周转房　　□学校租借房　　□自费租借房　　□自购自建房

13. 您在乡村学校任教的最主要原因：

□组织安排　　□有特殊津补贴　　□喜欢在农村教书

□工作压力小　　□能照顾家庭　　□暂时没有更好的选择

14. 您对所教留守儿童通常：

□关心较少　　□辅导学习　　□物质帮助　　□谈心鼓励　　□照顾生活

15. 上学期，您与所教学生交流谈心的人次：

□0~10 人次　　□11~20 人次　　□21~30 人次

□31~40 人次　　□41 人次及以上

16. 上学期，您家访的人次：

□0~10 人次　　□11~20 人次　　□21~30 人次　　□31 人次及以上

17. 您对作为乡村教师的感觉：

□不错　　□一般　　□不大好　　□很不爽

18. 如有机会调到条件更好的学校或转行，你的愿望：

□就在本校　　□无所谓　　□尽量争取　　□一定要去

19. 在生活上，您最迫切需要解决的问题是：

□夫妻分居　　□照顾老人　　□子女教育

□个人婚恋　　□就医治病　　□精神空虚

20. 在日常教育教学中，您最关注学生的：

□思想品德　　□行为习惯　　□学习成绩

□学习兴趣　　□学习态度　　□身心健康

21. 您最常用的课堂教学方式：

□灌输式　　□讲授式　　□启发式　　□探究式　　□讨论式　　□参与式

22. 您平均每天在校工作时间：

□1~3 小时　　□4~6 小时　　□7~8 小时　　□8 小时以上

23. 您平均每周上课节数：

□14 节及以下　　□15~20 节　　□21~26 节　　□27 节及以上

24. 您任教的学科数：

□1 门　　□2 门　　□3 门　　□4 门　　□包班

25. 上学年,您上各类公开课(研究课、示范课)的次数:

□0 次　□1 次　□2 次　□3 次　□4 次　□5 次及以上

26. 上学期,您听课节数是:

□0～10 节　□11～19 节　□20～29 节　□30 节及以上

27. 上学年,您参加区(县)级及以上培训的次数:

□0 次　□1 次　□2 次　□3 次　□4 次及以上

28. 课堂教学中,您使用多媒体授课所占的比例:

□较少　□约1/3　□1/2 左右　□约2/3

29. 您不常用多媒体上课的最主要原因:

□设施设备不足　□设备故障较多　□使用麻烦

□不会使用　□学校没要求

30. 您平均每周用于阅读的时间:

□几乎没有　□1～3 小时　□4～6 小时　□7～9 小时　□10 小时及以上

31. 您的周末时间主要用于:

□备课家访　□补课辅导　□干活挣钱　□阅读书刊

□文体活动　□访亲会友　□娱乐休闲

32. 在工作上,您最迫切需要解决:

□专业进修　□职称晋级　□减轻工作负担

□改善教学条件　□增加评优评先机会

33. 贵校领导对教师的关心通常是:

□关心不够　□工作表现　□生活困难

□思想进步　□情感困扰

34. 您最希望您所在学校加强的是:

□改善生活条件　□改善工作条件　□加强校园文化建设

□丰富文娱活动　□加强安全防范与教育

35. 您认为,对乡村教师支持力度最大的是:

□乡村经济社会文化发展　□增加收入　□改善生活条件

□培训进修　□评优评先

36. 贵校对教师考评的主要依据:

□教学业绩　□师德师风　□综合表现　□领导的主观印象

37. 您对自己工作状态的感觉:

□得心应手　□基本胜任　□勉为其难　□压力山大

38. 您对自己生活状态的感觉：

□感觉良好　□比较一般　□不甚满意　□很不满意

二、39—45 题为多选题,请在与您实际符合的选项前的□内打"√"。

39. 在校工作期间,生活上令您头痛的是：

□吃饭难　□住房难　□卫生难　□看病难　□购物难

□交通难　□婚恋难　□子女教育难　□顾家难　□尽孝难

40. 在乡村学校工作,您感到舒心的是：

□空气清新　□食材新鲜　□能照顾父母　□能顾家务农　□生活开支小

□工作压力小　□民风淳朴　□学生朴实　□有特殊津补贴

41. 您近期的专业发展目标是：

□不明确　□从事管理工作　□职称晋级　□到更好的学校教书　□转行

□争取好业绩　□争当师德标兵　□成为教学骨干　□评先评优

□著书立说

42. 您经历过的培训方式有：

□顶岗置换　□网络研修　□送教下乡　□专家指导

□校本研修　□短期集中

43. 您认为有碍自身专业能力提升的障碍有：

□不想教书　□缺少动力　□缺少榜样　□缺少培训进修　□缺少指导督促

□职业倦怠　□学生基础差　□发展环境不利

44. 您认为制约乡村教师发展的主要因素有：

□经济收入低　□发展空间小　□自身要求不高　□不愿当乡村教师

□环境相对闭塞　□学习氛围不浓　□学校支持力度不大　□学生基础不好

□发展平台低　□农村家庭教育缺失

45. 您认为支持乡村教师发展还需要：

□进一步提高津补贴　□进一步职称倾斜　□增加评优评先表彰机会

□改善生活条件　□增加进修培训机会　□解决后顾之忧

□促进乡村教育进步　□促进乡村经济社会文化发展

答题完毕。全卷共45道题,共2页。请您检查是否有遗漏。再次感谢您的支持与配合！

附录3

重庆市人民政府办公厅关于贯彻落实乡村教师支持计划
（2015—2020 年）的通知

（渝府办发〔2015〕148 号）

各区县（自治县）人民政府，市政府有关部门，有关单位：

为贯彻落实《国务院办公厅关于印发乡村教师支持计划（2015—2020 年）的通知》（国办发〔2015〕43 号）和《重庆市人民政府关于加强农村教师队伍建设的意见》（渝府发〔2014〕28 号），着力解决乡村学校教师"下不去、留不住、教不好"问题，提高乡村学校师资水平，让乡村孩子能够接受良好的教育，阻止贫困现象代际传递，经市政府同意，现就有关事项通知如下：

一、工作目标

加强乡村教师队伍建设是一项重要的战略任务，要通过切实可行的政策措施，努力使乡村教师的职业吸引力明显增强，配置机制和补充渠道更加健全，合理待遇得到较好保障，整体素质和教书育人能力稳步提升，形成"招得来、留得住、教得好"的局面，到 2020 年努力建成一支师德高尚、素质优良、结构合理、服务乡村的教师队伍，为基本实现教育现代化提供坚强有力的师资保障。

二、基本原则

坚持师德为先。始终把师德师风建设放在教师队伍建设的首位，建设一支热爱乡村教育事业的乡村教师队伍。要把增强乡村教师教书育人的责任感与荣誉感结合起来，使广大乡村教师自觉成为爱岗敬业的楷模。乡村教师要以德化人、言传身教，培养身心健康、人格健全的一代新人。

坚持量质并重。建立乡村教师补充长效机制，优化城乡教师配置机制，建设一支数量充足、充满活力的乡村教师队伍。要把培养补充新教师与提高在岗乡村教师素质能力统筹起来，为乡村教师专业发展提供有力支持，依靠乡村教师办好乡村教育。

坚持综合施策。整体推进乡村教师队伍建设体制机制改革，从教育规划、学校布局、编制配备、条件改善、培养培训、待遇保障、科学管理等方面形成政策合力。要发挥城市带动作用，以城带乡促进乡村教师队伍水平整体提升。

坚持重心下移。各区县（自治县）人民政府要因地制宜积极推进乡村教师队伍建设，把改革风险控制在最低层级。充分发挥乡镇在改善教师工作生活条件方面的重要作用。建立越往基层，倾斜和支持力度越大的资源配置机制。

三、主要举措

（一）增强乡村教师的责任感和荣誉感。围绕培育和践行社会主义核心价值观，进一步加强乡村教师思想政治和师德教育工作，完善教育、宣传、考核、监督、奖惩、校本六位一体的师德师风建设长效机制。充分发挥基层党组织政治核心作用，从政治上、思想上关心乡村教师的生活与成长。坚持常抓师德师风建设主题教育实践活动。科学实施对乡村教师的管理和考核，建立乡村教师荣誉制度，主流媒体要广泛宣传乡村教师无私奉献的先进典型。市、区县（自治县）人民政府定期分别对坚守乡村学校20年、10年以上并作出优秀成绩的教师授予荣誉称号并给予奖励。开展教师评选、表彰、奖励工作时，指标分配对乡村学校给予适当倾斜。鼓励和引导社会力量建立专项基金，对优秀乡村教师给予资助或奖励。多措并举有效化解部分教师职业倦怠问题，依法查处违反师德师风的案件。

（二）完善乡村教师培养制度。依据乡村学校布局科学规划乡村教师培养规模，编制乡村教师需求规划。实施乡村卓越教师培养工程，引导师范院校根据区县（自治县）需求定向培养规模适当的乡村教师。合理确定免费师范生招生计划，小学全科师范生年度招生计划尽快达到2 000人左右规模，免费幼儿师范生招生计划稳定在200人左右规模。创新乡村教师培养模式，构建师范院校、地方政府、研训机构、中小学校协作培养体系，根据乡村学校的特点和实际需求完善课程体系，提高培养质量。

（三）优化乡村教师配置机制。继续实施特岗计划，全市保持每年招聘1 000人左右。指导和鼓励区县（自治县）结合乡村教师岗位特点，放宽招聘条件，优化招聘方式。建立新聘教师到乡村学校任教制度，城镇学校新招聘教师到乡村学校任教时间不得短于2年。落实高校毕业生到乡村学校任教学费代偿制度。乡镇中心小学实行区域内小学一体化管理机制，为区域内村小、教学点提供师资支持。聘请城镇学校退休的特级教师和高级教师，到有需要的乡村学校任教或支教。

（四）加强乡村教师编制管理。教职工编制配备要对农村边远地区倾斜。对学生规模较小的村小、教学点的教职工编制核定要兼顾生师比、班级数、课程设置等因素，确保农村学校基本开足开齐国家规定课程，特别是体育、音乐、美术、科学技术课程。寄宿制学校按寄宿学生规模配备生活指导教师，尚未配备的应合理计算教师兼任生活指导教师的工作量并相应增核绩效工资总量。留守儿童较多的乡村学校可配备和聘请心理辅导员。进一步完善中小学教职工编制动态管理机制，各区县（自治县）教育行政部门要根据学校布局、生源情况和教学岗位的需要，在现在教职工编制总量范围内，每学年动态调整，并按程序报同级机构编制部门备案。严禁在有合格教师来源的情况下"有编不补"、长期聘用代课教师。

（五）完善乡村教师职称评聘政策。提高乡村学校中、高级岗位比例，乡村学校小学按 1∶5∶4，初中按 1.5∶5∶3.5 的比例设置专业技术高级、中级、初级岗位。在乡村学校任教，硕士研究生满 1 年可初定中级职称，本科毕业生满 5 年可初定中级职称，专科毕业生满 2 年可初定初级职称。在乡村学校从事专业技术工作满 15 年或 20 年，分别具有大专或中专文凭的教师可破格申报高级教师资格。在乡村学校从事专业技术工作满 25 年，具备大专文凭的教师可破格申报正高级教师资格。探索制定体现小学全科教师职业特点的职称申报条件和评审标准。乡村教师职称评聘重点考察师德修养和教学业绩，评聘职称（职务）时，不作职称外语、计算机考试和发表论文要求。

（六）提高乡村教师生活待遇。依法落实乡村教师工资待遇，为乡村教师缴纳住房公积金和社会保险费。全面落实乡村教师岗位生活补助政策，按照越是边远、越是艰苦，补助标准越高的原则，切实提高村小、教学点教师生活待遇。区县（自治县）设立乡村教师重大疾病救助基金，为身患重大疾病且家庭贫困的乡村教师提供专门救助。科学规划和加快建设教师周转宿舍，为乡村教师提供临时住房保障。鼓励区县（自治县）将符合条件的乡村教师住房纳入当地保障性住房范围。

（七）提升乡村教师专业素质。实施乡村教师学历提高支持计划，对通过进修取得本科、硕士学历的乡村教师给予学费补助。除音、体、美等艺体学科外，乡村学校新补充教师原则上需要达到本科学历。到 2020 年，乡村义务教育学校教师学历达标率达到 100%，小学、初中教师学历提高率分别达到 90% 和 80% 以上。实施乡村教师教学能力提升工程，把乡村教师培训纳入基本公共服务体系，到 2020 年前，通过"送教下乡"等形式对乡村教师进行不少于 360 学时的全员培训。进一步加强区县（自治县）教师研训机构能力建设，充实师资力量，各区县（自治县）按照不低于教师编制总数的 1% 核定教师教育机构编制。

（八）提高乡村教师现代教育技术水平。根据教育信息化发展需求，为乡村学校配备必要的现代教育技术设备，为乡村教师配备笔记本电脑。搭建教师网络研修服务云平台，引导和组织乡村教师创建和适应"互联网+乡村教育"，充分利用远程教学、在线课程等形式优化课堂教学和进行自主学习。实施乡村教师信息技术应用提升培训，提高乡村教师现代教育技术应用能力。加强本土教学资源建设、开发与运用，形成专题资源库，定期组织优质课评选和"微课大赛"。

（九）建立以城带乡帮扶机制。落实中小学校长教师交流轮岗制度，发挥城镇学校优秀教师示范带动作用，帮扶乡村教师成长进步。区县（自治县）采取城镇学校与乡村学校帮扶发展等方式，为乡村教师的专业发展提供持续不断的服务和支持。继续实施"三区支教"计划，选派城镇学校骨干教师到民族地区、边远地区的乡村学校支教。引导和鼓励高等院校、科研机构和社会团体组织专家学者开展志愿者乡村支教行动。

（十）加大乡村校长培养培训力度。校长是办好乡村教育的重要力量，要把乡村校长培养和选拔作为促进乡村教育发展的重要举措。力争用3～5年时间，对全市乡村学校校长实行一轮专项培训，全面提升乡村校长引领教师专业发展的能力。国家和市级校长培训要向乡村学校倾斜。遴选一批市内外高水平院校和城市优质中小学校，采取集中培训与跟岗实践相结合的方式，对乡村中小学校长进行专项培训，让乡村校长在城镇优质学校得到学习、锻炼和提高。

四、工作保障

（一）明确政府责任。各区县（自治县）人民政府要加强组织领导，把乡村教师队伍建设纳入政府重要议事日程，专题研究解决乡村教师队伍建设中的重大问题；实行一把手负总责和领导干部分片包干、定点联系乡村学校的制度。认真分解任务，细化分工，将责任落实到具体部门和单位，确保各项工作落到实处。市、区县（自治县）教育行政部门负责乡村教师队伍建设的统筹管理、规划和指导，市编办、市发展改革委、市财政局、市城乡建委、市交委、市人力社保局、市国土房管局、市文化委、市卫生计生委等部门要按照职责分工积极配合，主动履责，根据工作需要提供政策支持。

（二）落实经费保障。各区县（自治县）人民政府要切实加大财政投入，大力支持乡村教师队伍建设，财政教育经费要优先用于解决乡村教师队伍建设中最薄弱、最迫切的问题。市级财政要进一步加大对贫困区县（自治县）资金补助力度。各区县（自治县）人民政府和市政府有关部门要严格执行财经纪律，加强经费监管，规范经费使用，提高资金使用效益，坚决杜绝违反财经纪律的行为发生。

（三）开展检查督导。市级教育行政部门要会同市政府有关部门对区县（自治县）乡村教师队伍建设工作进行专项检查和指导。市政府教育督导部门要会同有关部门，对区县（自治县）乡村教师建设工作开展专项督导，及时通报督导情况并适时公布。对在乡村教师队伍建设工作中积极改革创新、成绩突出的区县（自治县）及基层单位，按照国家有关规定进行表彰。

广大乡村教师扎根乡村，无私奉献，为教育事业和社会进步作出了重要贡献。各区县（自治县）人民政府要高度重视乡村教师队伍建设，按照国家和市里要求，制定更为明确、有效的政策措施。各区县（自治县）于2015年年底前将本地区具体的贯彻落实办法报市教委备案，同时向社会公布，接受社会监督。

重庆市人民政府办公厅

2015 年 9 月 18 日

附录4

重庆市人民政府办公厅关于开展乡村教师支持计划实施情况专项督导的通知

有关区县(自治县)人民政府,市政府有关部门,有关单位:

为贯彻落实《国务院办公厅关于印发乡村教师支持计划(2015—2020年)的通知》(国办发〔2015〕43号)精神,夯实乡村学校师资基础,确保乡村义务教育均衡发展中的师资保障,按照《重庆市人民政府办公厅关于贯彻落实乡村教师支持计划(2015—2020年)的通知》(渝府办发〔2015〕148号)要求,经市政府同意,从2016年至2020年对有关区县(自治县)乡村教师支持计划实施情况进行专项督导。现将有关事项通知如下:

一、专项督导对象

行政区域内有乡村学校的区县(自治县)人民政府及其有关职能部门。

二、专项督导内容

乡村教师师资保证、支持计划投入保障、实施中的职称岗位、评优评先等情况。

三、专项督导程序

(一)区县(自治县)自查。

区县(自治县)人民政府每年2月底前要按照《重庆市乡村教师支持计划实施情况专项督导指标体系》(见附件)要求,对本行政区域内上年度乡村教师支持计划实施情况进行全面自查,并将自查情况报送市政府教育督导室。

(二)市级专项督导。

市政府教育督导室要按照《重庆市教育督导条例》专项督导程序和工作要求,于每年3—7月组织督导小组,对区县(自治县)上年度乡村教师支持计划实施情况开展专项督导,形成专项督导报告报市政府审定。

(三)督导结果公示和运用。

市政府教育督导室要于每年10月将经市政府审定的专项督导结果在市政府公众信息网上公示,并将乡村教师支持计划实施情况专项督导结果作为全市教育系统评先评优的重要依据,纳入区县(自治县)人民政府履行教育职责目标考核。对实施乡村教师支持计划不到位、问题突出的区县(自治县),要对区县(自治县)人民政府分管负责人和主管部门负责人进行约谈。

四、专项督导实施

乡村教师支持计划实施情况专项督导工作在市政府领导下,由市政府教育督导室组织实施,区县(自治县)人民政府是承担乡村教师支持计划实施的责任主体。

市政府教育督导室要加强组织领导,加大督促指导力度,切实将计划落到实处。区县(自治县)人民政府要高度重视,认真实施,确保工作扎实推进。

附件:重庆市乡村教师支持计划实施情况专项督导指标体系

重庆市人民政府办公厅

2016 年 9 月 5 日

附录5 重庆市乡村教师支持计划实施情况专项督导指标体系

一级指标	二级指标	评分要点	评分依据及方式
A1 师资保证 （50分）	B1 人员编制配备 （10分）	1. 将区县（自治县）、乡镇（街道）、农村中小学教职工基本编制标准统一到城市基本编制标准；由区县级教育部门在核定的教育编制总额内，按照班额、生源等情况统筹分配中小学校教职工编制。（5分。其中：落实标准4分，统筹使用1分） 2. 对学生规模较小的乡村小学校、教学点和特别艰苦边远的农村学校，按照教职工与学生比例和教职工与班级比例相结合的方式核定教职工编制。（3分） 3. 完全小学以上学校音乐、体育、美术等艺术体育学科分别配备1名以上专职教师。（1分） 4. 教研与培训机构按照不低于教职工配备总量的1%确定人员配备。（1分）	1.《中央编办教育部财政部关于统一城乡中小学教职工编制标准的通知》（中央编办发〔2014〕72号）。 2.《重庆市人民政府办公厅关于贯彻落实乡村教师支持计划（2015—2020年）的通知》（渝府办发〔2015〕148号）。 3.《重庆市机构编制委员会办公室重庆市教育委员会重庆市财政局关于印发〈关于贯彻中央编办、教育部、财政部统一城乡中小学教职工编制标准的实施意见〉的通知》（渝编办〔2016〕101号）。 4. 查看区县（自治县）教育编制核定及使用情况。 5. 查看区县（自治县）统筹分配各校教职工编制情况及备案情况，乡村学校国家规定课程开设等情况。
	B2 一体化管理 （2分）	乡镇（街道）中心小学实行区域内小学一体化管理机制，为区域内乡村小学校、教学点提供师资支持。（2分）	1.《重庆市人民政府办公厅关于贯彻落实乡村教师支持计划（2015—2020年）的通知》（渝府办发〔2015〕148号）。 2. 查看乡镇区域内小学实行一体化管理情况。

一级指标	二级指标	评分要点	评分依据及方式
A1 师资保证 （50分）	B3 生活指导教师 （2分）	寄宿制学校按标准配备生活指导教师，或由任课教师兼任生活指导教师。采取政府购买服务，或根据任课教师兼任生活指导教师增加工作量的实际情况，在核定绩效工资总量时给予适当倾斜等方式，解决生活指导教师报酬问题。（2分）	1.《重庆市义务教育学校办学条件基本标准（试行）》（渝教基〔2011〕69号）。 2.《重庆市人民政府办公厅关于贯彻落实乡村教师支持计划（2015—2020年）的通知》（渝府办发〔2015〕148号）。 3.查看区县（自治县）寄宿制学校生活指导教师配备情况。
	B4 心理辅导教师 （2分）	留守儿童较多的乡村学校配备专兼职心理辅导教师，或聘请心理辅导员。（2分）	1.《教育部关于培育和践行社会主义核心价值观进一步加强中小学德育工作的意见》（教基一〔2014〕4号）。 2.《重庆市人民政府办公厅关于贯彻落实乡村教师支持计划（2015—2020年）的通知》（渝府办发〔2015〕148号）。 3.查看区县（自治县）乡村学校心理辅导教师配备情况。
	B5 新进教师 （8分）	1.新进录用教师优先保证乡村学校需要。（4分） 2.城镇学校新进录用教师工作前6年内到乡村学校任教不少于2年。（4分）	1.《重庆市人民政府办公厅关于贯彻落实乡村教师支持计划（2015—2020年）的通知》（渝府办发〔2015〕148号）。 2.查看区县（自治县）新进教师在乡村学校任教情况。
	B6 补充渠道 （4分）	1.行政区域内集中连片贫困地区按照实际需要选派特岗计划教师到乡村学校任教且特岗计划教师实际报到比例在80%以上。（2分） 2.行政区域内非集中连片贫困地区建立考核招聘、公开招聘等补充乡村学校教师的长效机制，每年根据实际需要补充一定数量乡村教师。（2分）	1.《关于印发重庆市农村义务教育阶段学校教师特设岗位计划实施方案的通知》（渝教人〔2006〕22号）。 2.查看区县（自治县）"双特"教师补充或考核招聘、公开招聘教师补充情况。

续表

一级指标	二级指标	评分要点	评分依据及方式
A1 师资保证 （50分）	B7 定向培养 （6分）	1.按市教委统筹规划和要求，接收免费师范毕业生并落实任教学校，确保免费师范毕业生到本行政区域内任教有编有岗。（2分） 2.积极动员学生报考师范院校，小学全科师范生送培人数符合行政本行政区域师资需求，完成当年招生计划。（3分） 3.免费幼儿师范生送培人数完成当年招生计划。（1分）	1.《教育部直属师范大学师范生免费教育实施办法》（国办发〔2007〕34号）。 2.《重庆市人民政府办公厅关于农村小学全科教师培养工作实施意见的通知》（渝府办发〔2013〕101号）。 3.查看区县（自治县）免费师范生、全科教师、免费幼儿师范生培养计划实施情况。
	B8 学历提高 （7分）	1.乡村义务教育学校教师学历达标率逐年提升，确保到2020年达到100%。（1分） 2.小学教师学历提高率逐年提升，确保2020年达到90%以上。（2分） 3.初中教师学历提高率逐年提升，确保2020年达到80%以上。（2分） 4.除音乐、体育、美术等艺术体育学科外，乡村学校新补充教师本科比例达到90%。（2分）	1.《重庆市人民政府办公厅关于贯彻落实乡村教师支持计划（2015—2020年）的通知》（渝府办发〔2015〕148号）。 2.查看区县（自治县）乡村学校教师学历达标及提高情况。
	B9 组织培训 （5分）	1.按5年完成全员培训要求，乡村教师当年应100%参加培训。（1分） 2.按5年不少于360个培训学时要求，乡村教师100%完成当年培训学时。（2分） 3.按3～5年完成全员培训要求，乡村学校校长当年应100%参加培训。（1分） 4.国家级、市级校长培训名额向乡村学校校长倾斜。（1分）	1.《重庆市人民政府办公厅关于贯彻落实乡村教师支持计划（2015—2020年）的通知》（渝府办发〔2015〕148号）。 2.查看区县（自治县）乡村教师、校长培训规划和年度计划。 3.查看区县（自治县）乡村教师、校长全员培训情况。 4.查看区县（自治县）乡村学校校长参加国家培训、市级培训情况。

一级指标	二级指标	评分要点	评分依据及方式
A1 师资保证 （50分）	B10 交流帮扶 （4分）	1. 城镇学校与乡村学校校长每年交流比例达到5%以上。（2分） 2. 城镇学校优秀教师与乡村学校教师每年交流比例达到5%以上。（2分）	1.《重庆市人民政府办公厅关于贯彻落实乡村教师支持计划（2015—2020年）的通知》（渝府办发〔2015〕148号）。 2. 查看区县（自治县）校长教师交流情况，城镇学校与乡村学校的帮扶发展情况。
A2 投入保障 （34分）	B11 工资待遇保障 （10分）	依法落实乡村教师工资待遇，全额保障乡村教师住房公积金和各项社会保险费。（10分，其中：把乡村教师工资、乡镇工作补贴及其他津贴、住房公积金和各项社会保险费纳入预算6分，按月足额发放4分）	1.《重庆市人民政府办公厅关于贯彻落实乡村教师支持计划（2015—2020年）的通知》（渝府办发〔2015〕148号）。 2.《重庆市人力资源和社会保障局重庆市财政局关于乡镇机关事业单位工作人员实行乡镇工作补贴的通知》（渝人社发〔2015〕191号）。 3. 查看区县（自治县）乡村教师工资预算批复、资金拨付凭证、决算表等。
	B12 岗位生活补助 （6分）	1. 落实乡村教师岗位生活补助政策。（4分，其中：按照市政府要求制定本地区乡村教师岗位生活补助实施方案2分，按照实施方案足额安排及发放资金2分） 2. 建立乡村教师岗位生活补助动态调整机制，定期调整。（1分） 3. 发挥乡村教师岗位生活补助导向作用，适当拉开补助差距（越边远越艰苦学校补助越高），确保乡村教师留得住。（1分）	1.《重庆市人民政府办公厅关于给予乡村教师岗位生活补助的通知》（渝府办发〔2014〕75号）。 2.《重庆市人民政府办公厅关于贯彻落实乡村教师支持计划（2015—2020年）的通知》（渝府办发〔2015〕148号）。

续表

一级指标	二级指标	评分要点	评分依据及方式
A2 投入保障 (34分)	B13 其他待遇保障 (12分)	1. 保障乡村教师每2年1次到二级乙等以上医院进行健康体检的经费。(2分) 2. 设立乡村教师重大疾病救助基金，为身患重大疾病且家庭贫困的乡村教师提供专门救助，多渠道筹集资金弥补救助基金缺口，不断扩大救助面，增加人均救助金额。(5分。其中：设立基金1分，提供救助1分，多渠道筹资1分，扩大救助面、增加救助额2分) 3. 按照边远地区乡村教师总数50%的规模加快建设教师周转宿舍。(3分。其中：已完成建设任务的3分；未完成任务的，制定截至2020年的建设规划，按照规划推进并完成当年建设任务2分) 4. 对通过进修取得本科、研究生学历的乡村教师给予奖励性补助。(2分)	1.《重庆市人民政府办公厅关于贯彻落实乡村教师支持计划(2015—2020年)的通知》(渝府办发〔2015〕148号)。 2. 查看区县(自治县)乡村教师生活补助预算批复及发放情况。 3. 查看区县(自治县)乡村学校教师体检经费预算及支出情况。 4. 查看区县(自治县)"救助基金"设立、收支、发放等情况。 5. 查看区县(自治县)边远乡村教师名册、周转房规划及建设情况。 6. 查看区县(自治县)乡村教师进修奖励性补助预算及发放情况。
	B14 继续教育 经费保障 (2分)	按教师工资总额1.5%预算、拨付教师继续教育专项经费。(2分)	1.《关于加强农村教师队伍建设的意见》(渝府发〔2014〕28号)。 2. 查看区县(自治县)教师继续教育经费预算及拨付情况。
	B15 现代教育技术水平保障 (4分)	1. 为乡村学校配备互联网终端设备。(2分) 2. 为乡村教师配备笔记本电脑。(2分)	1.《重庆市人民政府办公厅关于贯彻落实乡村教师支持计划(2015—2020年)的通知》(渝府办发〔2015〕148号)。 2. 查看区县(自治县)乡村学校教育信息化设备配置情况及预算和支出依据。

一级指标	二级指标	评分要点	评分依据及方式
A3 职称岗位 （12分）	B16 高中级岗位 （6分）	1.乡村小学校按1：5：4的比例设置专业技术岗位。（2分） 2.按照岗位设置开展竞聘上岗工作。（1分） 3.乡村中学校按1.5：5：3.5的比例设置专业技术岗位。（2分） 4.按照岗位设置开展竞聘上岗工作。（1分）	1.《事业单位人事管理条例》（国务院令第652号）。 2.中共重庆市委办公厅重庆市人民政府办公厅关于印发《重庆市深化职称改革的意见》的通知（渝委办发〔2015〕10号）。 3.《关于教育事业单位专业技术岗位结构比例调整的通知》（渝人社发〔2015〕86号）。 4.《重庆市人民政府办公厅关于贯彻落实乡村教师支持计划（2015—2020年）的通知》（渝府办发〔2015〕148号）。 5.查看区县（自治县）乡村学校中小学高中级岗位设置情况。
	B17 高级职称 （6分）	1.乡村学校专业技术工作满15年或20年且分别具有大专以上或中专以上学历的教师，可不受其他学历条件及岗位数额限制破格申报高级教师资格。（4分） 2.乡村学校教师职称评聘不作职称外语、计算机考试和论文发表要求。（2分）	1.《重庆市政府办公厅关于贯彻落实乡村教师支持计划（2015—2020年）的通知》（渝府办发〔2015〕148号）。 2.《重庆市人力资源和社会保障局关于调整全市职称外语、计算机考试范围有关问题的通知》（渝人社发〔2015〕133号）。 3.查看区县（自治县）乡村教师职称（职务）评审标准。
A4 评优评先 （4分）	B18 评优评先 （4分）	评优评先名额分配乡村学校比城镇学校高10%以上。（4分）	1.《重庆市人民政府办公厅关于贯彻落实乡村教师支持计划（2015—2020年）的通知》（渝府办发〔2015〕148号）。 2.查看区县（自治县）给乡村教师评优评先情况。

续表

一级指标	二级指标	评分要点	评分依据及方式
A5 附加指标	B19 加分	1.乡村教师支持计划实施工作受到党中央、国务院表彰。(加5分) 2.乡村教师支持计划实施工作受到教育部、市政府表彰。(加4分)	1.《重庆市人民政府办公厅关于贯彻落实乡村教师支持计划(2015—2020年)的通知》(渝府办发〔2015〕148号)。 2.提供表彰决定等有关文件和资料。
	B20 一票否决	当年有下列情况之一,实行一票否决: 1.教育系统安全稳定、师德师风出现重大问题、造成严重影响。 2.专项督导过程中弄虚作假。	以现场检查和上级通报为依据。

附录6　乡村教师专业发展支持服务现状调查问卷数据统计结果

1.您的性别

	频率	百分比/%	累积百分比/%
男	2 681	43.1	43.1
女	3 537	56.9	100.0
合　计	6 218	100.0	

2.您所学专业

	频率	百分比/%	累积百分比/%
师范专业	4 809	77.3	77.3
非师范专业	1 409	22.7	100.0
合　计	6 218	100.0	

3.您的年龄

	频率	百分比/%	累积百分比/%
25 岁以下	715	11.5	11.5
25~30 岁	1 381	22.2	33.7
31~40 岁	1 744	28.1	61.8
41~50 岁	1 538	24.7	86.5
51 岁及以上	840	13.5	100.0
合　计	6 218	100.0	

4.您所在学校

	频率	百分比/%	累积百分比/%
教学点	545	8.8	8.8
村中心校	1 352	21.7	30.5
乡镇小学	2 924	47.0	77.5
乡镇中学	1 397	22.5	100.0
合　计	6 218	100.0	

5. 您家庭所在地

	频 率	百分比/%	累积百分比/%
本村	298	4.8	4.8
本乡镇	1 692	27.2	32.0
本区县	3 094	49.8	81.8
本市	954	15.3	97.1
外省市	180	2.9	100.0
合 计	6 218	100.0	

6. 您的职称

	频 率	百分比/%	累积百分比/%
无职称	761	12.2	12.2
初级	2 700	43.5	55.7
中级（含小高）	2 341	37.6	93.3
副高级	413	6.6	100.0
正高级	3	0.0	100.0
合 计	6 218	100.0	

7. 您的职务

	频 率	百分比/%	累积百分比/%
校级干部	461	7.4	7.4
学校中层	790	12.7	20.1
骨干教师	261	4.2	24.3
普通教师	4 706	75.7	100.0
合 计	6 218	100.0	

8. 您的最高学历

	频　率	百分比/%	累积百分比/%
高中(中专、中师)及以下	124	2.0	2.0
专科	2 242	36.1	38.1
本科	3 833	61.6	97.7
研究生	19	0.3	100.0
合　计	6 218	100.0	

9. 您在乡村学校任教的年限

	频　率	百分比/%	累积百分比/%
1 年以内	435	7.0	7.0
1～3 年	953	15.3	22.3
4～10 年	1 298	20.9	43.2
11～20 年	1 519	24.4	67.6
21～30 年	1 326	21.3	88.9
31 年及以上	687	11.1	100.0
合　计	6 218	100.0	

10. 您工作地与县城的车程

	频　率	百分比/%	累积百分比/%
0.5 小时内	422	6.8	6.8
0.5～1 小时	2 141	34.4	41.2
1～2 小时	2 502	40.3	81.5
2～3 小时	790	12.7	94.2
3 小时以上	363	5.8	100.0
合　计	6 218	100.0	

11.您所在学校的学生数

	频率	百分比/%	累积百分比/%
100 人以内	808	13.0	13.0
101～500 人	2 268	36.5	49.5
501～1 000 人	1 691	27.2	76.7
1 001～2 500 人	1 264	20.3	97.0
2 501～4 000 人	178	2.9	99.9
4 001 人及以上	9	0.1	100.0
合　计	6 218	100.0	

12.您的平均月收入总额(含工资、各类津补贴和年终绩效奖励)

	频率	百分比/%	累积百分比/%
2 500 元以下	110	1.8	1.8
2 500～4 000 元	2 117	34.0	35.8
4 001～6 000 元	2 756	44.3	80.1
6 001～8 000 元	987	15.9	96.0
8 001～10 000 元	215	3.5	99.5
10 001 元及以上	33	0.5	100.0
合　计	6 218	100.0	

13.如重新选择职业,您最希望

	频率	百分比/%	累积百分比/%
继续在本校工作	2 223	35.8	35.8
到条件好的学校任教	1 071	17.2	53.0
到离家近的学校任教	2 257	36.3	89.3
立即改行	667	10.7	100.0
合　计	6 218	100.0	

14.您平均每天工作时间

	频　率	百分比/%	累积百分比/%
6 小时以下	123	2.0	2.0
6～8 小时	2 161	34.8	36.8
8～10 小时	3 236	52.0	88.8
11 小时及以上	698	11.2	100.0
合　计	6 218	100.0	

15.您教育教学的时间占工作时间的比例

	频　率	百分比/%	累积百分比/%
50% 以内	1 657	26.6	26.6
50%～70%	2 854	45.9	72.5
71%～90%	1 322	21.3	93.8
91%～100%	385	6.2	100.0
合　计	6 218	100.0	

16.您用于看书(教材教辅书籍以外)的时间大约占您空暇时间的

	频　率	百分比/%	累积百分比/%
10% 以下	1 488	23.9	23.9
10%～30%	2 978	47.9	71.8
31%～50%	1 258	20.3	92.1
51%～70%	376	6.0	98.1
71% 及以上	118	1.9	100.0
合　计	6 218	100.0	

17.您较擅长的知识类型

	频　率	百分比/%	累积百分比/%
消遣娱乐类	348	5.6	5.6
家居养生类	396	6.4	12.0

续表

	频率	百分比/%	累积百分比/%
教育理论类	1 053	16.9	28.9
学科教学技能类	1 329	21.4	50.3
教育教学实践类	1 279	20.6	70.9
基本文化知识类	791	12.7	83.6
时政类书籍	385	6.2	89.8
学科知识	637	10.2	100.0
合　计	6 218	100.0	

18. 您最需要加强学习的专业知识

	频率	百分比/%	累积百分比/%
学科发展新成果	641	10.3	10.3
新的教育教学理论	1 937	31.2	41.5
运用网络等教育技术知识	1 447	23.3	64.8
乡土文化知识	52	0.8	65.6
学生心理辅导知识	749	12.0	77.6
小班化教学和管理知识	453	7.3	84.9
自身心理调节方法	566	9.1	94.0
留守儿童教育知识	373	6.0	100.0
合　计	6 218	100.0	

19. 您运用微课等数字教学资源的情况

	频率	百分比/%	累积百分比/%
很少用	1 252	20.1	20.1
借用助现成的课件	1 032	16.6	36.7
利用已有课件并作修改	3 334	53.7	90.4
自制课件	600	9.6	100.0
合　计	6 218	100.0	

20. 您认为教研活动对解决自己教学问题的作用

	频　率	百分比/%	累积百分比/%
非常有帮助	1 617	26.0	26.0
有帮助	3 180	51.1	77.1
一般	1 287	20.7	97.8
没帮助	134	2.2	100.0
合　计	6 218	100.0	

21. 您参加的培训进修对解决自己教育教学问题的作用

	频　率	百分比/%	累积百分比/%
非常有帮助	1 572	25.3	25.3
有帮助	3 408	54.8	80.1
一般	1 130	18.2	98.3
没帮助	108	1.7	100.0
合　计	6 218	100.0	

22. 您认为自己教学能力

	频　率	百分比/%	累积百分比/%
强	1 397	22.5	22.5
较强	3 916	63.0	85.5
一般	877	14.1	99.6
较差	28	0.4	100.0
合　计	6 218	100.0	

23. 您近三年承担校级及以上级别的公开课、示范课的情况

	频　率	百分比/%	累积百分比/%
没有	1 406	22.6	22.6
1 次	1 314	21.1	43.7
2 次	1 130	18.2	61.9

续表

	频 率	百分比/%	累积百分比/%
3 次	1119	18.0	79.9
4 次及以上	1 249	20.1	100.0
合 计	6 218	100.0	

24. 您近三年承担(主持、主研)校级及以上级别课题的情况

	频 率	百分比/%	累积百分比/%
没有	4 038	64.9	64.9
1 个	1 518	24.4	89.3
2 个	453	7.3	96.6
3 个	122	2.0	98.6
4 个及以上	87	1.4	100.0
合 计	6 218	100.0	

25. 您近三年校本课程的开发实施情况

	频 率	百分比/%	累积百分比/%
没有	2 808	45.1	45.1
举办过课外专题讲座	638	10.3	55.4
组织过学生课外小组活动	1 939	31.2	86.6
编写过学科拓展类读本	149	2.4	89.0
开发过学科整合类选修课	158	2.5	91.5
其他	526	8.5	100.0
合 计	6 218	100.0	

26. 学校图书适用情况

	频 率	百分比/%	累积百分比/%
很适用	1 038	16.7	16.7
适用	2 357	37.9	54.6

	频 率	百分比/%	累积百分比/%
一般	2 378	38.2	92.8
不适用	361	5.8	98.6
很不适用	84	1.4	100.0
合 计	6 218	100.0	

27. 学校图书、微课等优质教育资源配置情况

	频 率	百分比/%	累积百分比/%
很丰富	489	7.9	7.9
丰富	1 345	21.6	29.5
一般	2 739	44.1	73.6
不足	1 214	19.5	93.1
很不足	431	6.9	100.0
合 计	6 218	100.0	

28. 您对本人乡村教师岗位津贴的满意度

	频 率	百分比/%	累积百分比/%
很满意	293	4.7	4.7
满意	1 324	21.3	26.0
一般	2 846	45.8	71.8
不满意	1 318	21.2	93.0
很不满意	437	7.0	100.0
合 计	6 218	100.0	

29. 您对学生作业的批注情况

	频 率	百分比/%	累积百分比/%
没批注过	102	1.6	1.6
偶尔批注	149	2.4	4.0

续表

	频 率	百分比/%	累积百分比/%
有选择性地批注	1 213	19.5	23.5
经常批注	1 946	31.3	54.8
每次都批注	2 808	45.2	100.0
合　计	6 218	100.0	

30. 您在专业发展方面最迫切希望改进

	频 率	百分比/%	累积百分比/%
学科知识	529	8.5	8.5
教学能力	2 195	35.3	43.8
班级管理	889	14.3	58.1
教学风格	767	12.3	70.4
教学理念	1 220	19.6	90.0
教育思想	618	10.0	100.0
合　计	6 218	100.0	

31. 上学年,您参加区(县)级及以上培训的次数

	频 率	百分比/%	累积百分比/%
0次	1 334	21.5	21.5
1次	1 979	31.8	53.3
2次	1 460	23.5	76.8
3次	659	10.6	87.4
4次及以上	786	12.6	100.0
合　计	6 218	100.0	

32. 近一年,区县教育行政部门领导或科室负责人到校指导工作次数

	频 率	百分比/%	累积百分比/%
0次	431	6.9	6.9

	频 率	百分比/%	累积百分比/%
1 次	1 025	16.5	23.4
2 次	1 503	24.2	47.6
3 次	764	12.3	59.9
4 次及以上	2 495	40.1	100.0
合 计	6 218	100.0	

33. 近一年,学校校级领导与您谈心次数

	频 率	百分比/%	累积百分比/%
0 次	2 148	34.5	34.5
1 次	1 458	23.5	58.0
2 次	1 168	18.8	76.8
3 次	456	7.3	84.1
4 次及以上	988	15.9	100.0
合 计	6 218	100.0	

34. 您认为最能调动自己专业发展主动性的方式

	频 率	百分比/%	累积百分比/%
增加津贴等	1 648	26.5	26.5
职称晋级	1 096	17.6	44.1
培训进修	679	10.9	55.0
取得好业绩	380	6.2	61.1
评优表彰	100	1.6	62.7
学生的喜爱	571	9.2	72.0
领导、同事、家长的认可	624	10.0	82.0
专家的持续指导	204	3.3	85.3
提升职业成就感	916	14.7	100.0
合 计	6 218	100.0	

35.您最希望学校教研活动改进

	频率	百分比/%	累积百分比/%
活动规范性	577	9.3	9.3
同事间坦诚研讨	867	13.9	23.2
提升活动的参与面	634	10.2	33.4
提升活动吸引力	822	13.2	46.6
加入片区学科教研共同体	592	9.5	56.1
活动主题与教学困惑结合	1 827	29.4	85.5
提高活动收获感	899	14.5	100.0
合　计	6 218	100.0	

36.您认为学校对教师专业发展的重视程度

	频率	百分比/%	累积百分比/%
很重视	1 238	19.9	19.9
重视	2 395	38.5	58.4
一般	2 091	33.6	92.0
不重视	373	6.0	98.0
很不重视	121	2.0	100.0
合　计	6 218	100.0	

37.与前几年相比,近两年本校优秀教师流失情况

	频率	百分比/%	累积百分比/%
比前几年多	2 832	45.5	45.5
比前几年少	1 454	23.4	68.9
基本上未变	1 932	31.1	100.0
合　计	6 218	100.0	

38. 您自觉职业倦怠在您身上

	频 率	百分比/%	累积百分比/%
很严重	229	3.7	3.7
较严重	667	10.7	14.4
一般	2 299	37.0	51.4
轻微	1 481	23.8	75.2
不存在	1 542	24.8	100.0
合　计	6 218	100.0	

39. 您对自己工作状态的感觉

	频 率	百分比/%	累积百分比/%
完全胜任	1 373	22.1	22.1
胜任	2 527	40.6	62.7
基本胜任	1 259	20.3	83.0
有点压力	729	11.7	94.7
压力颇大	330	5.3	100.0
合　计	6 218	100.0	

40. 家人对自己工作的支持状况

	频 率	百分比/%	累积百分比/%
很支持	2 894	46.5	46.5
支持	2643	42.5	89.0
一般	624	10.1	99.1
不支持	42	0.7	99.8
很不支持	15	0.2	100.0
合　计	6218	100.0	

41. 您在教学设计时较关注的有

	响 应		个案百分比/%
	频 率	百分比/%	
教学内容难易度	5 158	18.5	83.0
与考点的结合	3 989	14.3	64.2
师生、生生间的互动	5 122	18.4	82.4
教学资源可用度	3 463	12.4	55.7
学生生活经历	3 410	12.2	54.8
分析编写意图	2 132	7.6	34.3
学习方法指导	4 649	16.6	74.8
总　计	27 923	100.0	449.2

42. 在日常教育教学中,您较关注学生的

	响 应		个案百分比/%
	频 率	百分比/%	
学习成绩	4 078	13.4	65.6
学习兴趣	5 328	17.4	85.7
学习态度	5 635	18.4	90.6
行为习惯	5 708	18.7	91.8
身心健康	4 981	16.3	80.1
思想品德	4 817	15.8	77.5
总　计	30 547	100.0	491.3

43. 您常用的课堂教学方法

	响　应		个案百分比/%
	频　率	百分比/%	
讲授	5 212	16.1	83.8
讨论	4 879	15.0	78.5
探究式教学	4 596	14.2	73.9
分组学习	4 624	14.3	74.4
角色体验	3 291	10.1	52.9
提问	4 934	15.2	79.4
练习	4 899	15.1	78.8
总　计	32 435	100.0	521.7

44. 您课后教学反思的方式

	响　应		个案百分比/%
	频　率	百分比/%	
反思较少	970	4.3	15.6
听学生意见	3 557	15.9	57.2
写教学日记	1 896	8.5	30.5
教案上作批注	4 139	18.5	66.6
与同事交流	4 640	20.7	74.6
分析学生作业	4 695	21.0	75.5
写教学案例	1 869	8.3	30.1
分析自己教学的录音录像	622	2.8	10.0
总　计	22 388	100.0	360.1

45. 您有教育教学困惑或困难时,您通常的做法

	响 应		个案百分比/%
	频 率	百分比/%	
不管它	164	1.0	2.6
看专业书籍	3 649	22.9	58.7
看教学期刊	2 016	12.7	32.4
向同事或专家讨教	5 469	34.3	88.0
网络求助	4 625	29.0	74.4
总 计	15 923	100.0	256.1

46. 您近期的专业发展目标

	响 应		个案百分比/%
	频 率	百分比/%	
不明确	533	3.1	8.6
从事管理工作	1 212	7.0	19.5
职称晋级	2 822	16.3	45.4
到更好学校教书	1 660	9.6	26.7
转行	324	1.9	5.2
争取好业绩	4 390	25.4	70.6
争当师德标兵	1 695	9.8	27.3
成为教学骨干	2 134	12.3	34.3
评先评优	2 281	13.2	36.7
著书立说	236	1.4	3.8
总 计	17 287	100.0	278.1

47. 您认为有效的教研形式

	响　应		个案百分比/%
	频　率	百分比/%	
观摩和点评示范课	4 908	16.8	78.9
自我反思总结	4 158	14.2	66.9
同伴分享合作	3 890	13.3	62.6
教学案例研讨	3 762	12.9	60.5
小课题研究	2 210	7.5	35.5
远程在线共同体	1 328	4.5	21.4
轮岗交流学习	1 858	6.3	29.9
师徒"传帮带"	3 030	10.3	48.7
教学专家引领指导	2 865	9.8	46.1
菜单式送教下乡	1 282	4.4	20.6
总　计	29 291	100.0	471.1

48. 您认为有碍自身专业发展的障碍

	响　应		个案百分比/%
	频　率	百分比/%	
学校支持力度不大	1 790	10.2	28.8
职业成就感低	3 253	18.5	52.3
缺少培训进修	3 651	20.8	58.7
信息相对闭塞	3 332	19.0	53.6
发展平台低	2 799	15.9	45.0
学习氛围不浓	2 746	15.6	44.2
总　计	17 571	100.0	282.6

49. 您希望学校管理方面改进

		响应		个案百分比/%
		频率	百分比/%	
有效	减少跨年级及学科安排	2 428	9.5	39.0
	吸纳教师合理建议	3 640	14.3	58.5
	深化学科组校本教研	2 497	9.8	40.2
	培养学科种子教师	2 427	9.5	39.0
	建立合理的考核评价制度	3 834	15.0	61.7
	加强教学常规管理	2 589	10.2	41.6
	加强师德师风建设	2 104	8.2	33.8
	建立公平的职称晋级考核制度	3 355	13.2	54.0
	提高领导班子的管理水平	2 639	10.3	42.4
	总　计	25 513	100.0	410.2

50. 您希望学校保障支持方面的改进

		响应		个案百分比/%
		频率	百分比/%	
有效	改善在校吃住等生活条件	3 098	18.1	49.8
	增强对学校的归属感	2 558	15.0	41.1
	加强学科教学资源建设	2 546	14.9	40.9
	加强学校与乡村的联系	1 396	8.2	22.5
	和谐人际关系	2 654	15.5	42.7
	丰富文体活动	2 555	15.0	41.1
	建立多样化的专业发展平台	2 280	13.3	36.7
	总　计	17 087	100.0	274.8

51. 您希望县级教师培训机构的改进

	响　应		个案百分比/%
	频　率	百分比/%	
增加培训次数	2 927	16.2	47.1
增强培训内容的实用性	4 904	27.1	78.9
多送培下乡	3 098	17.1	49.8
加强培训的后续支持	2 697	14.9	43.4
开展培训满意度调查	1 570	8.7	25.2
重视培养乡村教师种子选手	2 891	16.0	46.5
总　计	18 087	100.0	290.9

52. 您希望教师研究机构的改进

	响　应		个案百分比/%
	频　率	百分比/%	
多研究指导乡村课堂教学	4 552	23.0	73.2
多研究指导乡村教师专业发展	4 709	23.8	75.7
多研究乡村学校教育管理	3 626	18.4	58.3
多研究指导乡村学校发展	3 362	17.0	54.1
深入乡村学校调研提供发展建议	3 515	17.8	56.5
总　计	19 764	100.0	317.8

53. 您希望区县教育行政部门在行政管理方面的改进

	响 应		
	频 率	百分比/%	
增加编制以减轻工作负担	3 824	17.0	61.5
分类考核乡村学校和教师	4 100	18.2	65.9
职称晋级的倾斜	4 112	18.3	66.1
减少与教育无关的检查和杂务	4 942	22.0	79.5
减轻学校的安全等压力	2 987	13.3	48.0
区县内调动照顾夫妻分居教师	2 530	11.2	40.7
总　计	22 495	100.0	361.8

54. 您希望区县教育行政部门在支持保障方面改进

	响 应		个案百分比/%
	频 率	百分比/%	
重视关心乡村学校和教师	5 292	17.6	85.1
配置更适合乡村教师的图书	3 057	10.2	49.2
增加乡村教师岗位津贴	5 234	17.4	84.2
保障医疗等福利	3 624	12.1	58.3
宣传表彰优秀乡村教师和学校	2 737	9.1	44.0
改善工作条件	3 603	12.0	57.9
提供更丰富的优质教学资源	3 749	12.5	60.3
对不同学校提供差异性支持	2 721	9.1	43.8
总　计	30 017	100.0	482.8

55. 您希望社会提供的支持

	响　应		个案百分比/%
	频　率	百分比/%	
认可教师的专业能力	4 874	23.7	78.4
肯定学校的进步	3 871	18.8	62.3
增强教师对乡村的归属感	3 921	19.0	63.1
引导舆论支持教师	3 527	17.1	56.7
家长多与教师联系	4 418	21.4	71.1
总　计	20 611	100.0	331.6

参考文献

[1] 张彩萍,高兴国.弱势群体社会支持研究[M].兰州:兰州大学出版社,2008.

[2] 钱理群,刘铁芳.乡土中国与乡村教育[M].福州:福建教育出版社,2008.

[3] 叶澜,白益民,王枬,等.教师角色与教师发展新探[M].北京:教育科学出版社,2001.

[4] 吴康宁.教育社会学[M].北京:人民教育出版社,1998.

[5] 罗家德.社会网分析讲义[M].北京:社会科学文献出版社,2005.

[6] 教育部师范教育司.教师专业化的理论与实践[M].2版.北京:人民教育出版社,2003.

[7] 魏宏森,曾国屏.系统论——系统科学哲学[M].北京:世界图书出版公司,2009.

[8] 李松涛.家庭教育的社会支持研究[M].沈阳:东北大学出版社,2014.

[9] 苗东升.系统科学原理[M].北京:中国人民大学出版社,1990.

[10] 曾广荣,易可君,欧阳绪清,等.系统论、控制论、信息论概要[M].长沙:中南工业大学出版社,1986.

[11] 黄希庭.心理学与人生[M].广州:暨南大学出版社,2005.

[12] 教育部教师工作司.中学教师专业标准(试行)解读[M].北京:北京师范大学出版社,2013.

[13] 教育部教师工作司.小学教师专业标准(试行)解读[M].北京:北京师范大学出版社,2013.

[14] 陈向明.质的研究方法与社会科学研究[M].北京:教育科学出版社,2000.

[15] 杜亮,王伟剑,等.回归与希望——乡村青年教师口述史[M].南宁:广西教育出版社,2018.

［16］张莉莉,张燕,等.撑起教育的半边天——乡村女教师口述史［M］.南宁:广西教育出版社,2018.

［17］郑新蓉,武晓伟,熊和妮,等.开拓者的足迹——新中国第一代乡村教师口述史［M］.南宁:广西教育出版社,2018.

［18］魏曼华,王成龙,阿呷热哈莫,等.大山里的开拓与守护——少数民族乡村教师口述史［M］.南宁:广西教育出版社,2018.

［19］胡艳,沈晓燕,等.泥土上的脚印——新中国第二代乡村教师口述史［M］.南宁:广西教育出版社,2018.

［20］孙颖.基于内部异质化的乡村教师队伍建设研究［J］.中国教育学刊,2016(9):82-85.

［21］张文超.从普适到特惠:乡村教师培训的思路转型［J］.中小学教师培训,2016(6):13-15.

［22］肖凯.教师培训发展方向:乡村教师专业发展支持服务体系建设［J］.赣南师范学院学报,2016,37(2):91-95.

［23］刘文,朱沛雨.苏北某市乡村小学教师培训现状的研究［J］.中小学教师培训,2016(8):14-18.

［24］邬志辉.打出"全方位组合拳"大力支持乡村教师发展——《乡村教师支持计划(2015—2020年)》分析［J］.中国民族教育,2015(5):4-6.

［25］桂勇,冯帮,万梦莹.《乡村教师支持计划（2015—2020年)》政策认同度的调查与分析［J］.教师教育论坛,2016,29(5):37-42.

［26］彭冬萍,曾素林.乡村教师评价制度改革的挑战及其应对——基于《乡村教师支持计划(2015—2020年)》的思考［J］.基础教育研究,2016(11):36-40.

［27］檀慧玲,刘艳.乡村教师政策发展的特点、问题及建议［J］.教学与管理,2016(16):13-15.

［28］刘廷哲,刘义兵.我国乡村教师教育信息化建设的现实困境与路径选择［J］.四川师范大学学报(社会科学版),2016,43(3):156-161.

［29］段润涵.论乡村新手教师逆向文化冲击和适应［J］.科教导刊,2014(1):97-98.

［30］贺晓敏.农村中小学初任教师流失现状及原因分析［J］.教育测量与评价(理论版),2010(11):29-32.

［31］王成龙.新生代乡村教师的文化困境与职业选择［J］.青年探索,2016(1):84-89.

［32］韩烨.日本乡村教师队伍建设的经验与启示［J］.中小学校长,2016(5):68-71.

[33]张彩云,傅王倩.发达国家贫困地区教育支持政策及对我国教育精准扶贫的启示[J].比较教育研究,2016,38(6):77-83.

[34]Jeffrey B. Kritzer,Jane-Ziebarth-Bovill,蔡辰雪.乡村职前教师的教育多样化问题讨论[J].科教文汇,2016(337):27-29.

[35]李森.新型城镇化进程中我国乡村教育可持续发展的现实困境与战略选择[J].西南大学学报(社会科学版),2015(4):98-105.

[36]吴亮奎.乡村教师专业发展的矛盾、特质及其社会支持体系构建[J].教育发展研究,2015,35(24):47-52.

[37]谈松华.农村教育:现状、困难与对策[J].北京大学教育评论,2003(1):99-103.

[38]朱力.脆弱群体与社会支持[J].江苏社会科学,1995(6):130-134.

[39]贾泽林,王炳文.系统理论对哲学提出的新课题[J].哲学研究,1980(2):36-39.

[40]钱学森,许国志,王寿云.组织管理的技术——系统工程[N].上海理工大学学报,2011,36(6):520-525.

[41]范玥,王柏慧."国培计划"下的乡村教师专业发展支持服务体系构建研究[J].中国成人教育,2016(19):134-136.

[42]张琴秀,郭健.农村幼儿教师专业发展政府支持体系的构建——以山西省高平市S镇为例[J].教育理论与实践,2014,34(32):29-31.

[43]杨红卫.基于构建乡村幼儿教师专业发展支持体系的培训需求调查研究——以西藏地区为例[J].西藏大学学报(社会科学版),2016,31(3):190-196.

[44]向静.当代乡村教师职业支持的现状及优化[D].重庆:西南大学,2018.

[45]李金荣.乡村教师的社会支持研究[D].济南:山东师范大学,2018.

[46]朱旭东.当前我国教师队伍建设面临的问题刍议[J].教育发展研究,2018,38(18):3.

[47]刘善槐.新时代乡村教师队伍建设的多维目标与改革方向[J].教育发展研究,2018,38(20):3.

[48]闫巧,车丽娜.城镇化进程中乡村教师的社会认同研究[J].教育研究与实验,2017(4):50-53.

[49]蔡迎旗,郑洁.幼儿园教师培训需求的实证研究[J].教育研究与实验,2018(1):66-70.

[50]林李楠."平台模式"还是"经验模式"?——一项对城乡骨干教师职业生涯的

比较研究[J].教师教育研究,2015,27(4):68-73.

[51]龚金喜,赵国圣,龚易帆.互联网条件下教师专业发展支持服务体系建构研究[J].继续教育,2017,31(8):41-43.

[52]桑国元,叶碧欣,黄嘉莉.社会支持视角下的乡村教师专业自主发展——基于云南省 H 中学的田野研究[J].教师发展研究,2019,3(2):87-94.

[53]王光雄.乡村教师专业发展支持路径研究——基于云南省乡村教师支持计划的实施情况分析[D].重庆:西南大学,2018.

[54]谢小兰.乡村教师专业发展支持体系的构建[J].中国成人教育,2019(20):80-83.

[55]刘应兰,卢朝佑.全纳教育理念下乡村教师专业发展支持服务体系构建研究[J].继续教育,2018,32(5):25-28.

[56]徐莹.乡村教师专业发展的社会支持系统现状调查及优化[D].桂林:广西师范大学,2017.

[57]卢晓中.试论教师的专业化[J].高教探索,2002(4):27-29.

[58]闫丽霞.UGS 协同视野下乡村教师专业发展支持体系的构建[J].继续教育研究,2018(2):91-94.

[59]朱海,韩雨珂,崔智友.心理服务体系:乡村教师队伍的稳定器[J].中国教育学刊,2019(10):84-86.

[60]周林刚,冯建华.社会支持理论——一个文献的回顾[J].广西师范学院学报(哲学社会科学版),2005,26(3):11-14,20.

[61]张晓文,张旭.从颁布到落地:32 份《乡村教师支持计划》文本分析[J].现代教育管理,2017(2):69-78.

[62]姚翔,刘亚荣.建立政策菜单模式优化乡村小规模学校师资配置机制[J].继续教育研究,2018(5):63-68.

[63]朱家存,卢鹏,李宜江.农村如何稳"良师":构筑乡村教师发展与服务体系的安徽实践[J].中小学管理,2018(9):11-13.

[64]付卫东,范先佐.《乡村教师支持计划》实施的成效、问题及对策——基于中西部 6 省 12 县(区)120 余所农村中小学的调查[J].华中师范大学学报(人文社会科学版),2018,57(1):163-173.

[65]彭冬萍,曾素林.社会人视角下乡村教师激励之可能与可为[J].教育理论与实践,2018,38(16):35-39.

[66]俞建芬.精准扶贫视域下乡村教师培训的困境与出路[J].教育科学论坛,

2018(13):59-62.

[67]史志乐.乡村教师素质提高的政策审视与路径探析[J].教师教育研究,2019,
31(3):31-38.

[68]师文琪.农村小规模学校教师专业发展困境与对策研究——基于T市S镇的
调查[D].天水:天水师范学院,2019.

[69]李延旭.乡村小规模学校教师专业发展的现状与思考——以西营地区小学为
例[J].现代教育,2018(5):38-40.

[70]郭静.农村小规模学校教师专业发展的困境与出路[J].教育导刊,2017(11):
73-76.

[71]安晓敏,殷丽.农村小规模学校教师专业发展调查研究[J].上海教育科研,
2017(7):5-9.

[72]王飞.农村小规模学校教师专业发展现状与对策研究——以双峰县为例[D].
长沙:湖南师范大学,2016.

[73]卢红越.农村小规模学校教师专业素养问题及对策研究[D].保定:河北大
学,2017.

[74]刘鹏.乡村小规模学校教师专业发展叙事研究[D].兰州:兰州大学,2016.

[75]徐莉莉,高葵芬.农村小规模学校新教师专业发展的困境与对策[J].现代中
小学教育,2018,34(9):64-67.

[76]李志辉,王纬虹.乡村教师离职意向影响因素实证研究——基于重庆市2505
名乡村教师调查数据的分析[J].教师教育研究,2018,30(6):58-66.

[77]朱永迪.教育生态学视角下农村小规模学校新教师发展研究[D].长春:东北
师范大学,2018.

[78]肖正德.论乡村振兴战略中乡村教师的新乡贤角色[J].教育研究,2020,41
(11):135-144.

[79]庞丽娟,金志峰,杨小敏,等.完善教师队伍建设助力乡村振兴战略——制度
思考和政策建议[J].北京师范大学学报(社会科学版),2020(6):5-14.

[80]马存强.乡村学校需要"土味"教育家[N].中国教师报,2020-11-18(12).

[81]李世林.农村中学可以这样激发师生活力[J].人民教育,2018(2):47-49.

[82]王照萱,张雅晴,何柯薇,等.乡村教师感知的学校氛围对其工作满意度的影
响:教师领导力和自我效能感的中介作用[J].教师教育研究,2020,32(6):
84-90,98.